Alain de Bottons Buch basiert auf einem frechen und verblüffend simplen Einfall: Man nehme das monumentalste Werk der literarischen Moderne, Marcel Prousts ›Auf der Suche nach der verlorenen Zeit‹, und destilliere daraus ein witziges, kurzes und lebenspraktisches Ratgeberbuch für den postmodernen Zeitgenossen.
De Botton nähert sich Proust auf direkte, unkonventionelle Weise, ohne schweres literaturtheoretisches Gepäck. Im Rückgriff auf Prousts Text und auf Momente im Leben des Autors erläutert de Botton in klassischer Ratgebermanier u. a. *Wie man sich Zeit nimmt, Wie man erfolgreich leidet, Wie man seinen Gefühlen Ausdruck verleiht* und *Wie man in der Liebe glücklich wird.*
De Botton fragt: Was hat man davon, Proust zu lesen? Sehr viel, lautet die Antwort, denn wir können aus Prousts Wahrnehmungsschärfe, seiner Empfindsamkeit, ja sogar aus seiner Hypochondrie – mit de Bottons Hilfe – großen Nutzen ziehen und uns gleichzeitig köstlich amüsieren.
Wie Proust Ihr Leben verändern kann setzt keine Proust-Lektüre voraus, es reißt im Gegenteil Hemmschwellen nieder und entstaubt eine Ikone der Literaturwissenschaft gründlich. »De Botton ist ein großartiger Plauderer« (›Neue Zürcher Zeitung‹).

Alain de Botton, der 1969 in der Schweiz geboren ist, hat in Cambridge Geschichte und Philosophie studiert und lebt in London. Seit seinem erfolgreichen Debüt *Versuch über die Liebe* (1993; Fischer Taschenbuch Bd. 13839) hat er noch zwei weitere Romane veröffentlicht – *Romantische Bewegung* (1994; Bd. 13780) und *Isabel* (1995; Bd. 15462) und drei sehr gescheite Bücher im Stil eines Ratgebers, in denen er den Leser geistreich und amüsant durch einige interessante Gebiete der Kultur- und Geistesgeschichte führt: außer dem vorliegenden Band *Trost der Philosophie* (2000; Bd. 15639) und *Kunst des Reisens* (2002).

www.alaindebotton.com

ALAIN DE BOTTON

WIE PROUST IHR LEBEN VERÄNDERN KANN

EINE ANLEITUNG

AUS DEM ENGLISCHEN
VON THOMAS MOHR

FISCHER
TASCHENBUCH
VERLAG

Limitierte Sonderausgabe
Veröffentlicht im Fischer Taschenbuch Verlag,
einem Unternehmen der S. Fischer Verlag GmbH,
Frankfurt am Main, Mai 2003

Lizenzausgabe mit Genehmigung
der S. Fischer Verlags GmbH, Frankfurt am Main
Die Originalausgabe erschien 1997 unter dem Titel
›How Proust Can Change Your Life‹
bei Picador Macmillan, London

Druck und Bindung: Clausen & Bosse, Leck
Printed in Germany
ISBN 3-596-50670-0

Unsere Adresse im Internet: www.fischer-tb.de

INHALT

1

WIE MAN DAS LEBEN HEUTE LIEBT

ES GIBT WENIG, dem sich der Mensch mit größerer Hingabe widmet als dem Unglücklichsein. Hätte ein böser Schöpfer uns nur in die Welt gesetzt, damit wir leiden, dürften wir uns zu Recht damit brüsten, diese Aufgabe mit Begeisterung erfüllt zu haben. Dabei gibt es wahrhaftig genug Gründe, untröstlich zu sein: die Vergänglichkeit des Fleisches, die Unbeständigkeit der Liebe, die Verlogenheit im Alltag, die Kompromisse zwischen Freunden, die lähmende Wirkung der Gewohnheit. Angesichts derartiger Mißstände sollte man meinen, daß wir nichts sehnlicher herbeiwünschen müßten als unsere eigene Auslöschung.

Wer im Paris der zwanziger Jahre nach einer lesbaren Zeitung suchte, griff vermutlich nach einem Blatt namens *L'Intransigeant.* Es war bekannt für gründlich recherchierte Berichte, aktuellen Hauptstadtklatsch, einen umfassenden Kleinanzeigenteil und flammende Leitartikel. Die Redaktion dachte sich zudem immer wieder große Fragen aus und bat die französische Prominenz um Antwort. Zum Beispiel: »Was wäre Ihrer Meinung nach die ideale Schulbildung für Ihre Tochter?« Oder: »Wie würden Sie das Pariser Verkehrschaos beseitigen?« Im Sommer 1922 stellte das Blatt seinen freien Mitarbeitern eine besonders ausführliche Frage.

> Ein amerikanischer Wissenschaftler kündigt an, die Welt, oder doch zumindest ein großer Teil Europas, werde so plötzlich untergehen, daß dabei mehrere hundert Millionen Menschen den Tod fänden. Falls

aus dieser Vorhersage Gewißheit würde, wie würden sich die Menschen Ihrer Meinung nach zwischen dem Zeitpunkt, da sie diese Gewißheit erlangen, und dem Zeitpunkt der Katastrophe verhalten? Und was würden Sie selbst tun, bevor Ihre letzte Stunde schlägt?

Der erste Prominente, der sich zu diesem furchterregenden Szenario privater und globaler Vernichtung äußerte, war ein inzwischen vergessener Literat namens Henri Bordeaux, der meinte, es werde die Masse der Bevölkerung entweder auf schnellstem Wege in die nächste Kirche oder aber ins nächste Schlafzimmer treiben, obschon er selbst sich vor der schwierigen Entscheidung drückte und erklärte, er wolle ein letztes Mal einen Berg besteigen, um Landschaft und Flora der Alpen zu genießen. Eine andere Pariser Berühmtheit, die talentierte Schauspielerin Berthe Bovy, enthielt ihren Lesern wohlweislich vor, welchen Aktivitäten sie sich im Falle eines Falles hinzugeben gedenke, äußerte jedoch die zaghafte Befürchtung, daß die Männer alle Hemmungen über Bord werfen würden, sobald ihre Taten keine langfristigen Konsequenzen mehr zeitigten. Damit teilte sie die finstere Prognose der berühmten Pariser Handleserin Madame Fraya, die zu dem Schluß gelangte, daß die Menschen, statt über die Zukunft auf fernen Planeten nachzudenken und ihre Seelen auf das Leben nach dem Tod vorzubereiten, in ihren letzten Stunden weltlichen Genüssen frönen würden – ein Verdacht, den der Schriftsteller Henri Robert bestätigte, indem er fröhlich verkündete, er wolle sich zum guten Schluß einer Partie Bridge, Golf oder Tennis widmen.

Der letzte Prominente, den man nach seinen präapokalyptischen Plänen befragte, war ein menschenscheuer, schnurrbärtiger Romancier, der sich für Bridge, Golf oder Tennis bekanntermaßen wenig interessierte (wenngleich er sich einmal im Damespiel versucht hatte und zweimal beim Drachensteigen behilflich gewesen war), die vergangenen vierzehn Jahre in einem schmalen Bett unter einem Stapel dünner Wolldecken verbracht und bei unzureichender Beleuchtung einen außergewöhnlich dicken Roman geschrieben hatte. Schon bei Erscheinen des ersten Bandes im Jahre 1913 war *Auf der Suche nach der verlorenen Zeit* als Meisterwerk gefeiert worden, ein französischer Rezensent hatte den Verfasser mit Shakespeare verglichen, ein italienischer Kritiker mit Stendhal, und eine österreichische Prinzessin hatte ihm gar einen Heiratsantrag unterbreitet. Obwohl er wenig auf sich hielt (»Wenn ich mich nur recht zu estimieren wüßte! Aber ach! es ist unmöglich«), sich selbst als Floh und sein Werk als ein unverdauliches Stück Nougat zu bezeichnen pflegte, hatte Marcel Proust allen Grund, zufrieden zu sein. Selbst der britische Botschafter in Frankreich, ein höchst urteilsscheuer Mann mit weitem Bekanntenkreis, hatte ihm bereitwillig großes, wenn auch nicht direkt literarisches Lob zuteil werden lassen und ihn als »den merkwürdigsten Menschen, der mir je begegnet ist«, bezeichnet – »weil er beim Essen seinen Pelzmantel anbehält«.

Da Proust mit Begeisterung für Zeitungen schrieb und nicht als Spielverderber gelten mochte, ließ er dem *Intransigeant* und seinem amerikanischen Katastrophen-Wissenschaftler folgende Antwort zukommen:

Ich glaube, das Leben würde uns ganz plötzlich köstlich erscheinen, wenn wir so sterben müßten, wie Sie sagen. Stellen Sie sich nur vor, wie viele Pläne, Reisen, Liebesaffären, Studienobjekte es – unser Leben – in aufgelöster Form enthält, unsichtbar für unsere Trägheit, die sie, der Zukunft gewiß, unablässig aufschiebt.

Aber wenn die Gefahr besteht, daß all das auf immer unmöglich sein wird, wie schön wird es dann wieder! Ach! wenn die Katastrophe nur dieses Mal nicht stattfindet, werden wir ganz bestimmt die neuen Säle des Louvre besuchen, uns Mlle X... zu Füßen werfen oder Indien bereisen.

Die Katastrophe findet nicht statt, wir tun nichts von alledem, denn wir fühlen uns wieder ins normale Leben versetzt, wo die Nachlässigkeit alle Wünsche abschwächt.

Und dennoch sollten wir der Katastrophe nicht bedürfen, um das Leben heute zu lieben. Dazu würde der Gedanke genügen, daß wir Menschen sind und uns noch heute abend der Tod ereilen kann.

Daß wir uns im Angesicht des Todes mit einem Mal ans Leben klammern, legt den Schluß nahe, daß wir nicht etwa den Geschmack am Leben selbst verloren haben, dessen Ende wir bislang in weiter Ferne wähnten, sondern am täglichen Einerlei, daß unsere Unzufriedenheit sich eher einer bestimmten Lebensweise verdankt als dem vermeintlich unabänderlichen Elend der menschlichen Erfahrung. Haben wir den tief verwurzelten Glauben an unsere Unsterblichkeit erst einmal abgelegt, werden wir rasch begreifen, daß unter der Oberfläche eines scheinbar qualvollen, immerwährenden Daseins eine Vielzahl ungeahnter Möglichkeiten lauert.

Wenn die späte Erkenntnis unserer Sterblichkeit uns dazu ermuntert, unsere Prioritäten neu zu setzen, sollten wir diese Prioritäten zunächst gründlich überdenken. Vielleicht haben wir in dem Moment, da wir mit den Weiterungen des Todes konfrontiert werden, erst das halbe Leben hinter uns, doch was genau macht eigentlich ein ganzes Leben aus? Daß wir uns mit unserem sicheren Ende abgefunden haben, heißt nicht, daß wir deswegen nach einer vernünftigen Antwort suchen werden, wenn es darangeht, die restlichen Seiten des Tagebuches zu füllen. Vom Ticken der Uhr in Panik versetzt, verfallen wir womöglich auf die aberwitzigsten Torheiten. Die Reaktionen der Pariser Prominenz auf die Frage des *Intransigeant* waren mehr als widersprüchlich: die Alpenlandschaft genießen, sich mit der Zukunft auf fernen Planeten beschäftigen, Tennis, Golf. Gab es denn keine sinnvollere Möglichkeit, sich die Zeit bis zum Untergang Europas zu vertreiben?

Prousts eigene Vorschläge (Louvre, Liebe, Indien) waren da kaum hilfreicher. Zunächst einmal entsprachen sie in keiner Weise dem, was man über seine Persönlichkeit weiß. Er war nie ein eifriger Museumsbesucher gewesen, hatte den Louvre seit über einem Jahrzehnt nicht mehr von innen gesehen und zog es vor, Reproduktionen zu betrachten, statt sich dem Geplapper des Museumspublikums auszusetzen (»Die meisten Leute glauben, daß die Liebe zur Literatur, zur Malerei und zur Musik recht weit verbreitet sei, dabei gibt es nicht einen Menschen, der auch nur die geringste Ahnung davon hat«). Auch interessierte er sich bekanntlich wenig für den indischen Subkontinent, der sich nur unter allerhand Strapazen erreichen ließ: mit dem Zug nach Marseille, mit dem Postschiff nach Port Said und dann zehn Tage mit einem P&O-Liner über das Arabische Meer – schwerlich die ideale Reiseroute für einen Mann, der nur ungern das eigene Bett verließ. Was Mlle X... betraf, so hatte Proust sich, zum Leidwesen seiner Mutter, als äußerst unempfänglich für ihre Reize erwiesen, wie übrigens auch für die der Mlles A bis Z; und es war lange her, daß er sich das letzte Mal danach erkundigt hatte, ob es nicht vielleicht einen jüngeren Bruder gäbe, da er zu dem Schluß gekommen war, daß ein gut gekühltes Bier eine größere Quelle des Vergnügens darstelle als die körperliche Liebe.

Doch selbst wenn Proust nach seinen eigenen Vorgaben hätte verfahren wollen, blieb ihm dazu wenig Gelegenheit. Nur vier Monate nach seinem Brief an den *Intransigeant* geschah etwas, das er bereits seit Jahren vorausgesehen hatte: Er holte sich eine Erkältung und starb. Er war einundfünfzig. Man hatte ihn zu einer Soirée geladen, und obwohl er unter einer leichten Grippe litt, hüllte er sich in drei Mäntel und zwei Decken und ging aus. Auf dem Heimweg mußte er in einem eiskalten Hof auf eine Droschke warten und verkühlte sich. Er bekam hohes Fieber, das sich durchaus hätte kurieren lassen, wäre Proust dem Rat der Ärzte gefolgt, die man an sein Bett zitierte. Doch aus Angst, seine Arbeit unterbrechen zu müssen, verweigerte er die ihm dringend anempfohlenen Kampferöl-Injektionen und schrieb weiter, ohne etwas zu sich zu nehmen außer heißer Milch, Kaffee und Kompott. Aus der Erkältung wurde eine schwere Bronchitis, die sich zu einer Lungenentzündung auswuchs. Einmal noch regten sich leise Hoffnungen auf Besserung, als er sich im Bett aufsetzte und nach gegrillter Seezunge verlangte, doch als der Fisch schließlich gekauft und zubereitet war, wurde Proust von Übelkeit befallen und mochte ihn nicht anrühren. Er starb wenige Stunden später an einem geplatzten Lungenabszeß.

Zum Glück beschränkten sich Prousts Betrachtungen über das Leben und wie man es zu führen habe nicht auf eine allzu kurze und reichlich verwirrende Antwort auf die abstruse Frage einer Zeitung – denn er hatte bis zu seinem Tod an einem Buch gearbeitet, das sich, wenn auch in recht ausufernder und erzählerisch komplexer Form, mit mehr oder weniger derselben Frage befaßte, die von den Voraussagen des fiktiven amerikanischen Wissenschaftlers aufgeworfen worden war.

Schon der Titel des Buches deutete unmißverständlich darauf hin. Obgleich er Proust von Anfang so sehr mißfiel, daß er ihn erst »unpassend« (1914), dann »irreführend« (1915) und schließlich sogar »häßlich« (1917) nannte, hatte *Auf der Suche nach der verlorenen Zeit* den entscheidenden Vorteil, daß er unmittelbar auf ein zentrales Motiv des Romans hinwies: die Suche nach den Gründen für die Vergeudung und den schmerzlichen Verlust von Zeit. Dabei handelte es sich mitnichten um Erinnerungen an eine glücklichere, empfindsamere Epoche, sondern um eine nützliche, allgemein anwendbare Geschichte darüber, wie man aufhört, sein Leben zu verschwenden und es schätzen lernt.

Obwohl diese Frage angesichts einer bevorstehenden Apokalypse vermutlich für uns alle von vorrangiger Bedeutung wäre, gab der Proustsche Ratgeber zu der Hoffnung Anlaß, uns vor der privaten und globalen Vernichtung noch eine Weile mit ihr beschäftigen zu dürfen – und vielleicht sogar zu lernen, unsere Prioritäten neu zu setzen, bevor es Zeit wird, eine letzte Partie Golf zu spielen und den Löffel abzugeben.

2
WIE MAN RICHTIG LIEST

PROUST WURDE IN eine Familie hineingeboren, in der man die Kunst, für das Wohlbefinden der Menschen zu sorgen, äußerst ernst nahm. Sein Vater war Arzt, ein hünenhafter, bärtiger Mann mit den typischen Gesichtszügen des neunzehnten Jahrhunderts, dessen respekteinflößendes Gebaren, gepaart mit seinem entschlossenen Blick, einem auf der Stelle das Gefühl vermitteln konnte, ein Weichling zu sein. Er verströmte die moralische Überlegenheit der Ärzteschaft, deren gesellschaftliche Bedeutung sich jedem, der schon einmal Reizhusten gehabt oder einen Blinddarmdurchbruch erlitten hat, sofort erschließen dürfte und die denjenigen, die einer nachweislich weniger lukrativen Profession nachgehen, nicht selten auf unangenehme Weise zu verstehen gibt, überflüssig zu sein.

Dr. Adrien Proust stammte aus bescheidenen Verhältnissen; er war der Sohn eines Kolonialwarenhändlers aus der Provinz, der sich auf die Herstellung von Wachskerzen für Haushalt und Kirche spezialisiert hatte. Nach einem erfolgreichen Medizinstudium, das in einer Abhandlung über *Die verschiedenen Formen der Hirnerweichung* gipfelte, hatte Dr. Proust sich der Pflege und Verbesserung der Volksgesundheit, insbesondere der Eindämmung von Cholera und Beulenpest, verschrieben und war als Berater zur Bekämpfung ansteckender Krankheiten um die halbe Welt gereist. Zum Dank für seine Bemühungen wurde er zum Chevalier de la Légion d'Honneur ernannt und erhielt einen Lehrstuhl als Professor für Hygiene an der Medizinischen Fakultät in Paris. Der Bürgermeister des von der Cholera befreiten Seehafens Toulon überreichte ihm den Stadtschlüssel, und in Marseille wurde ein Quarantäne-Hospital nach ihm benannt. Als er 1903 starb, war Adrien Proust ein Mediziner von internationalem Rang und Ansehen, dem man durchaus Glauben schenken durfte, wenn er sein Dasein mit den Worten zusammenfaßte: »Hinter mir liegt ein erfülltes Leben.«

Kein Wunder, daß Marcel sich neben seinem Vater klein und unbedeutend vorkam und befürchtete, er sei der sprichwörtliche Nagel zu dessen Sarg gewesen. Der berufliche Ehrgeiz, der in einem bürgerlichen Haushalt des späten neunzehnten Jahrhunderts als normal empfunden wurde, war ihm fremd. Sein einziges Interesse galt der Literatur, obgleich er in jungen Jahren weder gewillt noch imstande schien, zu schreiben. Als folgsamer Sohn versuchte er es zunächst mit einer Tätigkeit, die bei seinen Eltern Anerkennung finden würde. Er spielte mit dem Gedanken, in den Auswärtigen Dienst zu gehen, Jurist, Wechselmakler oder Assistent im Louvre zu werden. Doch die Berufswahl erwies sich als schwierig. Seine Karriere als Advokatsgehilfe währte kaum zwei Wochen (»Etwas Grauenvolleres als den Anwaltsberuf habe ich mir selbst in den Tagen meiner größten Verzweiflung nicht vorstellen können«), und er entschied sich gegen die Diplomatenlaufbahn, als er erkannte, daß er dazu Paris und seine geliebte Mutter würde verlassen müssen. »Was bleibt mir sonst noch, da ich fest entschlossen bin, weder Advokat noch Arzt, noch Geistlicher, noch … zu werden?« fragte sich der zunehmend verzweifelte, zweiundzwanzig Jahre alte Proust.

Vielleicht Bibliothekar? Er bewarb sich um eine unbezahlte Stellung in der Bibliothèque Mazarine und wurde genommen. Das hätte die Lösung sein können, doch wegen des vielen Staubes sorgte sich Proust um seine Lunge und beantragte immer öfter Krankheitsurlaub, den er mal im Bett, mal mit Reisen, aber nur selten am Schreibpult verbrachte. Er führte ein scheinbar sorgenfreies Leben, lud zu Soireen, besuchte Cafés und Restaurants und warf das Geld mit beiden Händen zum Fenster hinaus. Man kann sich den Kummer seines Vaters, eines Pragmatikers, der kaum je Interesse an der Kunst bekundet hatte (obschon er in seiner Jugend, als Sanitäter an der Opéra Comique, einer amerikanischen Sängerin nachgestiegen war, die ihm daraufhin ein Bild zukommen ließ, das sie als Mann verkleidet zeigte, in knielangen, rüschenbesetzten Pantalons), lebhaft vorstellen. Nachdem er wiederholt nicht zur Arbeit erschienen war, wo er sich, wenn überhaupt, nur einmal jährlich hatte blicken lassen, verloren selbst Marcels außerordentlich tolerante Dienstherren die Geduld und entließen ihn auf den Tag genau fünf Jahre, nachdem er seine Stellung angetreten hatte. Zu diesem Zeitpunkt war allen, nicht zuletzt seinem tief enttäuschten Vater, klar, daß Marcel nie einen richtigen Beruf ausüben würde – und bis ans Ende seiner Tage auf das Vermögen der Familie angewiesen wäre, um seinem brotlosen, laienhaften Interessse an der Literatur nachzugehen.

Was es nicht eben leichtmacht, Verständnis für einen Wunsch aufzubringen, den Proust seiner Haushälterin anvertraute, nachdem beide Eltern verstorben waren und er endlich mit der Arbeit an seinem Roman begonnen hatte.

»Ach, Céleste«, sagte er, »wenn ich mit meinen Büchern

doch nur ebensoviel leisten könnte wie mein Vater für die Kranken.«

Mit Büchern schaffen, was Adrien für die geschundenen Opfer von Cholera und Beulenpest geleistet hatte? Nicht nur der Bürgermeister von Toulon hatte bemerkt, daß es Dr. Proust gegeben war, das Wohlbefinden der Menschen zu verbessern, aber was gedachte Marcel mit den sieben Bänden der *Suche nach der verlorenen Zeit* zu heilen? Das Werk mochte geeignet sein, einem während einer langen, langweiligen Zugfahrt durch die sibirische Steppe die Zeit zu vertreiben, doch wer wollte ernstlich behaupten, daß es der Allgemeinheit ebenso zum Nutzen gereichte wie ein funktionierendes Gesundheitswesen?

Wenn wir Marcels Wunsch geringschätzig beiseite schieben, so hängt dies vermutlich eher mit einer besonderen Skepsis gegenüber den therapeutischen Qualitäten des literarischen Romans zusammen als mit generellen Zweifeln in bezug auf die Bedeutung des gedruckten Wortes. Selbst Dr. Proust, der dem Bestreben seines Sohnes in vielerlei Hinsicht ablehnend gegenüberstand, war keineswegs ein Verächter publizierter Schriften und erweist sich bei näherem Hinsehen sogar als äußerst produktiver Autor, der in den Buchhandlungen lange Zeit weitaus bekannter war als sein Sprößling.

Doch anders als im Falle seines Sohnes zweifelte niemand am Nutzen der Werke Dr. Prousts. In seinen insgesamt vierunddreißig Büchern ersann er immer neue Mittel und Wege, das körperliche Wohlergehen der Bevölkerung zu fördern, und die Liste seiner Titel reicht von einer Studie über *Die Verteidigung Europas gegen die Pest* bis zu einem schmalen Bändchen über das sehr spezielle und damals neuartige Problem des *Saturnismus bei Arbeitern in der Batterie-Herstellung*. Das breite Lesepublikum kannte und schätzte Dr. Proust jedoch vor allem wegen einer Reihe von Büchern, in denen er sich auf prägnante, anschauliche und verständliche Weise mit Fragen der Leibesertüchtigung befaßte. Er hätte sicherlich keinerlei Einwände dagegen erhoben, als Pionier und Meister des Fitneß-Ratgebers bezeichnet zu werden.

Sein erfolgreichstes Buch *Grundlagen der Hygiene* erschien 1888. Es war üppig bebildert und richtete sich an junge Mädchen, die vermeintlich dringend Rat in Gesundheitsdingen benötigten, um eine neue Generation kräftiger Franzosen zu gebären, die nach einem Jahrhundert blutiger militärischer Auseinandersetzungen knapp geworden waren.

Da das Interesse an gesunder Lebensweise seit der Zeit Dr. Prousts deutlich gestiegen ist, liegt es nahe, wenigstens einige der vielen lehrreichen Empfehlungen des Doktors hier anzuführen.

Wie Dr. Proust Ihre Gesundheit stärken kann

(I) Rückenschmerzen

Fast immer eine Folge falscher Körperhaltung. Beim Nähen sollte sich ein junges Mädchen unter keinen Umständen vorbeugen, die Beine übereinanderschlagen oder einen niedrigen Tisch benutzen, weil dies eine Quetschung wichtiger Verdauungsorgane, eine Hemmung des Blutstroms und eine Belastung der Wirbelsäule zur Folge haben kann, wie aus dieser warnenden Zeichnung deutlich hervorgeht.

Es sollte statt dessen dem Beispiel dieser jungen Dame folgen:

(II) Korsetts

Dr. Proust machte aus seiner Abneigung gegen diese Modeartikel keinen Hehl und nannte sie selbstmörderisch und pervers (wobei er zwischen Schlankheit und Attraktivität genau unterschied und seinen Leserinnen mitteilte: »Eine *dünne* Frau ist nicht unbedingt eine *begehrenswerte* Frau«). Und um junge Mädchen davon abzuhalten, der Versuchung zu erliegen, sich doch in ein Korsett zu zwängen, bediente sich Dr. Proust einer Illustration, welche die katastrophalen Auswirkungen auf die Wirbelsäule anschaulich demonstriert.

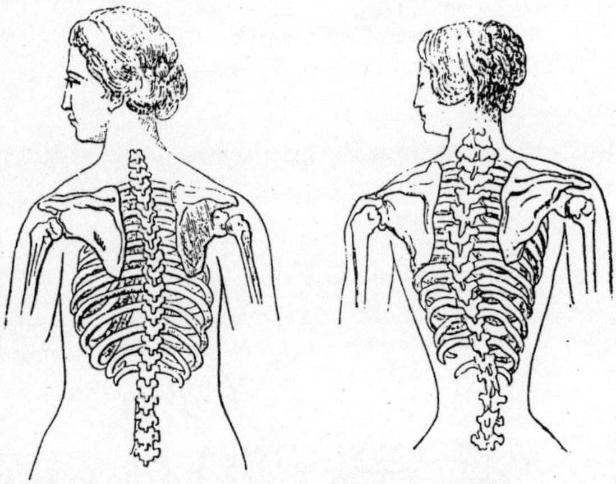

(III) Gymnastik

Statt künstlicher Hilfsmittel, die den Anschein von Schlankheit und körperlicher Fitneß erwecken sollten, empfahl Dr. Proust eine Reihe praktischer, nicht allzu anstrengender gymnastischer Übungen – wie zum Beispiel von Mauern zu springen ...

… herumzuhüpfen …

… mit den Armen zu rudern …

… und auf einem Bein zu stehen.

Bei einem Vater, der in Sachen Korsetts, Körperhaltung beim Nähen und Aerobic-Unterricht so bewandert war, nimmt es kaum wunder, daß Marcel in dem Bestreben, mit dem Verfasser der *Grundlagen der Hygiene* gleichzuziehen, einen gewissen Übereifer entwickelte. Doch statt die Schuld dafür bei ihm zu suchen, sollten wir uns vielleicht fragen, ob ein Roman *per se* therapeutische Qualitäten zu entfalten vermag, ob die Gattung dem Leser überhaupt mehr Linderung verschaffen kann als, sagen wir, ein Aspirin, ein Landspaziergang oder ein trockener Martini.

Mit einigem Wohlwollen könnte man auf Eskapismus tippen. Um dem grauen Alltag zu entfliehen, genügt es häufig schon, sich an einem Bahnhofskiosk ein Taschenbuch zu kaufen (»[Es] würde mir ... Spaß machen, mich an ein breiteres Publikum zu wenden, an Leute, die den Zug benutzen und, bevor sie sich ins Abteil setzen, noch rasch ein schlecht gedrucktes Buch erstehen«, gestand Proust). Wenn wir die Eisenbahn bestiegen haben, können wir uns aus unserer tatsächlichen Umgebung fortstehlen und eine erfreulichere oder aber doch zumindest erfreulich andere Welt betreten, aus der wir hin und wieder aufblicken, um die vorbeifliegende Landschaft zu betrachten, während wir unser schlecht gedrucktes Bändchen an der Stelle aufgeschlagen in Händen halten, wo der mürrische, monokeltragende Baron sich anschickt, seinen Salon zu betreten – bis unser Reiseziel über Lautsprecher angekündigt wird, die Bremsen gequält zu kreischen beginnen und wir in die durch den Bahnhof und eine umherirrende Schar schiefergrauer, verstohlen nach Gebäckkrümeln pickenden Tauben symbolisierte Wirklichkeit zurückkehren (in ihren Memoiren weist Prousts hilfsbereite Haushälterin Céleste die verschreckten Leser, die in Prousts Roman nicht allzuweit gediehen sind, höflich darauf hin, daß er schließlich auch nicht zu dem Zweck geschrieben sei, zwischen zwei Bahnhöfen verschlungen zu werden).

Auch wenn es uns noch soviel Vergnügen bereitet, mit Hilfe eines Romans in eine andere Welt einzutauchen, so ist dies doch bei weitem nicht der einzige Weg, sich der Gattung zu nähern. Es war jedenfalls nicht der Weg, den Proust einschlug, da er die hehren therapeutischen Ambitionen, über die er mit Céleste gesprochen hatte, auf diese Weise wohl kaum hätte verwirklichen können.

Prousts Ansichten darüber, wie man lesen sollte, lassen sich vielleicht am ehesten daraus erschließen, wie er Bilder betrachtete. In den nach Prousts Tod verfaßten Erinnerungen an seinen Freund schildert Lucien Daudet einen gemeinsamen Besuch des Louvre. Wenn Proust sich ein Bild ansah, pflegte er die Gestalten auf der Leinwand mit Leuten zu vergleichen, die er persönlich kannte. Daudet beschreibt, wie sie einen Saal betraten, in dem ein Gemälde von Domenico Ghirlandaio hing. Das um 1480 entstandene Bild trug den Titel *Greis mit seinem Enkel* und zeigte einen freundlich dreinblickenden Mann mit mehreren Furunkeln auf der Nasenspitze.

Nachdem sich Proust den Ghirlandaio eine Weile angesehen hatte, wandte er sich an Daudet und meinte, der Mann sei dem Marquis de Lau, einem berühmten Mitglied der feinen Pariser Gesellschaft, wie aus dem Gesicht geschnitten.

Es ist schon erstaunlich, auf einem im Italien des späten fünfzehnten Jahrhunderts entstandenen Porträt den Mar-

quis, einen Gentleman aus dem Paris des späten neunzehnten Jahrhunderts, wiederzuerkennen. Zum Glück ist uns ein Schnappschuß des Marquis erhalten geblieben. Er zeigt ihn in einem Garten sitzend, im Kreise mehrerer Damen in aufwendigen Kleidern, die sich ohne die tatkräftige Unterstützung von fünf Zofen wohl nur schwer anlegen ließen. Er trägt einen dunklen Anzug, dazu Vatermörder, Manschettenknöpfe und Zylinder, doch trotz der zeitgenössischen Accessoires und der mangelhaften Bildqualität läßt sich durchaus vorstellen, daß er dem Mann mit den Furunkeln, den Ghirlandaio im Italien der Renaissance porträtierte, täuschend ähnlich sah – ein lange Zeit verschollener Bruder, der unter dramatischen Umständen – über Landesgrenzen und Zeiten hinweg – von ihm getrennt war.

Daß es tatsächlich möglich ist, derlei visuelle Verbindungen zwischen Menschen aus scheinbar gänzlich verschiedenen Welten herzustellen, bestätigt Prousts Behauptung, daß »die Zahl der menschlichen Typen (ästhetisch betrachtet) zu beschränkt [ist], als daß man nicht oft, wo es auch sei, die Freude hätte, bekannte Gesichter zu erblicken«.

Diese Freude ist jedoch keineswegs rein visueller Natur: Die beschränkte Zahl menschlicher Typen hat auch zur Folge, daß wir immer wieder dort etwas über uns bekannte Menschen *lesen*, wo wir es am wenigsten erwarten.

So besucht der Erzähler im zweiten Band von Prousts Roman zum Beispiel das Seebad Balbec in der Normandie, wo er jemanden kennen und lieben lernt, der mir ganz und gar vertraut ist, nämlich eine junge Frau mit kecker Miene, lustigen, leuchtenden Augen, mattglänzenden Pausbacken und einer Vorliebe für schwarze Polomützen. In der folgenden Passage beschreibt Proust, wie Albertine spricht.

> Beim Sprechen hielt Albertine den Kopf unbeweglich still und sprach bei gleichfalls reglosen Nasenflügeln nur ganz vorn an den Lippen. Daraus ergab sich ein schleppender, nasaler Tonfall, bei dem vielleicht eine ererbte provinzielle Gewohnheit, jugendliches Nachahmen des britischen Phlegmas, der Unterricht einer Erzieherin aus dem Ausland und eine Hypertrophie der Nasenschleimhaut eine Rolle spielen mochten. Diese Sprechweise, die sie übrigens bald wieder aufgab, wenn sie die Leute besser kannte und in ihre natürliche Kindlichkeit zurückverfiel, hätte für unerfreulich gelten können. Aber sie war ihr eigentümlich und entzückte mich. Jedesmal, wenn ich sie ein paar Tage lang nicht gesehen hatte, sprach ich mir mit Genuß die Worte: »Sie lassen sich nie auf dem Golfplatz blicken«, in dem gleichen näselnden Tonfall, mit dem sie selbst sie gesagt, und in ihrer ganz geraden, den Kopf unbeweglich lassenden Haltung vor. Ich hatte

dann das Gefühl, es gebe keinen begehrenswerteren Menschen als sie.

Es ist nicht leicht, bei der Lektüre der Beschreibung bestimmter fiktiver Personen *nicht* an Bekannte aus dem richtigen Leben zu denken, denen sie oft überraschend ähnlich scheinen. So habe ich bei Prousts Herzogin de Guermantes zum Beispiel sofort das Bild der fünfundfünfzigjährigen Stiefmutter einer Ex-Freundin vor Augen, obwohl die nichtsahnende Frau in Devon wohnt und weder Französisch spricht, noch einen Adelstitel trägt. Und als Prousts schüchterne, zurückhaltende Figur Saniette den Erzähler fragt, ob er ihn wohl in dessen Hotel in Balbec besuchen dürfe, trägt er dieses durchaus freundliche Ansinnen in demselben stolzen, defensiven Tonfall vor wie ein früherer Kommilitone, der jede Situation vermied, in der er einen Korb hätte bekommen können.

»Sie wissen wohl nicht schon, was Sie dieser Tage vorhaben? Es ist nur, weil ich sicherlich nach Balbec komme. Aber nein, es tut nichts, ich wollte nur einmal fragen«, sagt Saniette zum Erzähler, und doch hätte es ebensogut Philip sein können, der einen gemeinsamen Abend vorschlug. Was Prousts Gilberte angeht, so ist sie für mich untrennbar mit Julia verbunden, die ich mit zwölf im Skiurlaub kennenlernte und die mich zweimal zum Tee einlud (sie knabberte *millefeuilles* und krümelte auf ihr bedrucktes Kleid). Nach einem schüchternen Kuß am Silvesterabend sah ich sie nie wieder, da sie in Afrika lebte, wo sie heute womöglich als Krankenschwester arbeitet, falls sich ihr Jungmädchentraum erfüllt hat.

Wie hilfreich ist doch Prousts Bemerkung, daß man »bei der Lektüre eines Romans … der Heldin zwangsläufig die

Züge der Geliebten [zuschreibt]«. Sie ist die perfekte Rechtfertigung dafür, mir einzubilden, daß Albertine mit den lustigen, leuchtenden Augen und einer schwarzen Polomütze auf dem Kopf, wie bei ihrem letzten Besuch in Balbec, eine verblüffende Ähnlichkeit mit meiner Freun-

Kate / Albertine

din Kate besitzt, die keine Zeile Proust gelesen hat und nach einem anstrengenden Tag die Lektüre von George Eliot oder *Marie Claire* vorzieht.

Diese enge Beziehung zwischen unserem Leben und den Romanen, die wir lesen, veranlaßt Proust zu der Feststellung:

> In Wirklichkeit ist jeder Leser, wenn er liest, ein Leser nur seiner selbst. Das Werk des Schriftstellers ist

dabei lediglich eine Art von optischem Instrument, das der Autor dem Leser reicht, damit dieser erkennen möge, was er in sich selbst sonst vielleicht nicht hätte erschauen können. Daß der Leser das, was das Buch aussagt, in sich selber erkennt, ist der Beweis für die Wahrheit ebendieses Buches.

Aber warum ist ein Leser immer ein Leser nur seiner selbst? Warum räumt Proust der Verbindung zwischen Mensch und Kunstwerk, in seinem Roman wie auch bei seinen Ausflügen ins Museum, eine solche Sonderstellung ein?

Vielleicht weil uns die Kunst, statt uns zu zerstreuen und abzulenken, nur so wirklich berühren kann, und weil das, was ich als das *Marquis-de-Lau-Phänomen* (MLP) bezeichnen möchte, eine ganze Reihe außerordentlicher Vorzüge besitzt, und sei es, Kate in Albertine wiederzuerkennen, Julia in Gilberte oder, ganz allgemein, uns selbst in schlecht gedruckten, an Bahnhöfen gekauften Büchern.

Die Vorzüge des MLP

(I) Sich überall zu Hause fühlen zu können

Unser Erstaunen darüber, in einem vierhundert Jahre alten Porträt ein bekanntes Gesicht wiederzuentdecken, beweist, wie schwer es ist, tatsächlich an eine universelle menschliche Natur zu glauben. Proust sah das Problem folgendermaßen:

> Die Menschen vergangener Zeiten scheinen uns unendlich fern. Wir wagen nicht, bei ihnen tiefe Ab-

sichten vorauszusetzen über die hinaus, die sie ausdrücklich äußern; wir sind erstaunt, einer Regung, die ungefähr den unseren gleicht, bei einem Helden von Homer ... wiederzubegegnen ... Es ist beinahe so, als stellten wir uns ... den Epiker ... so entfernt von uns vor wie ein Tier, das wir in einem zoologischen Garten antreffen.

Es ist vermutlich ganz normal, daß wir die Figuren der *Odyssee*, wenn wir ihnen das erste Mal begegnen, bestaunen wie eine Schnabeltier-Familie, die in einem Zoogehege ihre Runden zieht. Ebenso befremdlich mag uns der Gedanke erscheinen, den Worten einer zwielichtigen Gestalt mit dichtem Schnurrbart zu lauschen, die sich mit ausgesprochen altmodisch wirkenden Freunden zu umgeben pflegt:

Doch eine längere Begegnung mit Proust oder Homer hat den Vorteil, daß Welten, die uns zunächst bedrohlich fremd vorkamen, sich als der unseren nicht unähnlich erweisen, wodurch sich die Anzahl der Orte, an denen wir uns zu Hause fühlen, deutlich erhöht. Endlich können wir die Käfigtüren aufsperren und eine Reihe von Figuren aus dem Trojanischen Krieg oder dem Faubourg Saint-Germain in die Freiheit entlassen, denen wir bislang mit ungerechtfertigtem provinziellen Argwohn begegnet sind, nur weil sie Eurykleia oder Telemachos heißen und noch nie ein Fax versendet haben.

(II) Ein Mittel gegen die Einsamkeit

Wir können uns womöglich sogar *selbst* aus dem Zookäfig befreien. Was man gemeinhin als normal empfindet, ist in aller Regel eine Verkürzung dessen, was tatsächlich normal ist, so daß die Erlebnisse fiktiver Figuren uns ein weit gespanntes Panorama menschlichen Verhaltens präsentieren und die Normalität der Gefühle und Gedanken bestätigen, die im persönlichen Umgang zumeist unausgesprochen bleiben. Nachdem wir einen kindischen Streit vom Zaun gebrochen haben, weil der oder die Liebste während des ganzen Abends schrecklich abwesend gewirkt hat, hören wir es mit Erleichterung, wenn Prousts Erzähler uns gesteht: »Sobald ich Albertine nicht liebenswürdig fand, kehrte ich, anstatt ihr zu sagen, daß ich traurig war, ihr gegenüber Bosheit heraus«, und einräumt, daß »ich niemals den Wunsch, sie zu verlassen, bekundete, außer wenn ich keinesfalls auf sie verzichten konnte«, wodurch unsere romantischen Mätzchen nicht mehr wie die eines perversen Schnabeltiers erscheinen.

MLPs können uns jedoch auch die Einsamkeit erleichtern. Wenn der oder die Liebste seinem oder ihrem Bedürfnis, etwas mehr Zeit für sich zu verbringen, auf die denkbar behutsamste Weise Ausdruck verliehen und uns verlassen hat, wie tröstlich ist es da, im Bett zu liegen und zu lesen, wie Prousts Erzähler den bestechenden Gedanken äußert, daß »bei einer Trennung derjenige, der nicht mit wahrer Liebe liebt, die zärtlichen Dinge sagt«. Wie ermutigend zu sehen, daß eine fiktive Person (die uns im Laufe der Lektüre wundersamerweise immer ähnlicher wird) nach einer zuckersüßen Abfuhr dieselben Qualen erleidet wie wir und, wichtiger noch, überlebt.

(III) Das Licht der Erkenntnis

Ein guter Roman beschränkt sich nicht darauf, Emotionen und Figuren darzustellen, die wir aus eigener Erfahrung kennen, es gelingt ihm darüber hinaus, sie weitaus *besser* zu beschreiben, als wir selbst es könnten, Eindrücke und Wahrnehmungen dingfest zu machen, die wir zwar *als die unseren* wiedererkennen, *selbst* jedoch nie so hätten formulieren können.

Womöglich kennen wir jemanden wie die fiktive Herzogin de Guermantes und haben ihr Auftreten immer schon als arrogant und unverschämt empfunden, wußten aber nie so recht, weshalb, bis Proust dezent (in Klammern) verdeutlicht, wie die Duchesse reagiert, als eine gewisse Mme de Gallardon bei einer vornehmen Soiree den Fauxpas begeht, die auch als Oriane des Laumes bekannte Herzogin auf allzu vertrauliche Weise beim Vornamen zu nennen:

> Oriane (hier warf Madame des Laumes einen erstaunten und lächelnden Blick auf einen unsichtbaren Dritten, dem sie offenbar zu verstehen geben wollte, daß

> sie die Marquise de Gallardon niemals autorisiert habe, sie beim Vornamen zu nennen) ...

Die Lektüre eines Romans, der solch schwache, aber bedeutsame Schwingungen registriert, hat unter anderem zur Folge, daß wir, wenn wir das Buch aus der Hand legen und in die Realität zurückkehren, womöglich auf dieselben Dinge achten, auf die der Autor reagieren würde, wenn er bei uns wäre. Unser Verstand ist mit einem Mal wie ein Radar, der darauf ausgerichtet ist, bestimmte durch das Bewußtsein treibende Gegenstände zu orten, so als brächte man ein Radio in ein Zimmer, in dem bislang Totenstille zu herrschen schien, und plötzlich merken wir, daß diese Stille nur auf einer besonderen Frequenz existierte und in Wirklichkeit die Klangwellen eines ukrainischen Senders oder das nächtliche Geplapper einer Funktaxizentrale das Zimmer erfüllten. Unsere Aufmerksamkeit wird auf die Schattierungen des Himmels gelenkt, auf die Wandlungsfähigkeit eines Gesichts, auf die Heuchelei eines Freundes oder die unterdrückte Trauer über etwas, von dem wir vorher gar nicht wußten, daß es uns betrüben könnte. Das Buch hat uns *sensibilisiert*, unsere stumpf gewordenen Sinne geschärft, und das einzig und allein durch seine gesteigerte Feinfühligkeit.

Weshalb Proust, in Worten, die er in seiner Bescheidenheit niemals auf seinen eigenen Roman bezogen hätte, zu dem Schluß gelangte, daß

> wir zuweilen, wenn wir das neue Meisterwerk eines genialen Menschen lesen, mit Vergnügen alle diejenigen unserer Überlegungen darin [wiederentdecken],

die wir verachtet hatten, Regungen der Heiterkeit und der Trauer, die wir uns zu äußern enthielten, eine ganze Welt von Gefühlen, die wir selbst verschmäht haben, deren Wert jedoch das Buch, in dem wir sie wiederfinden, uns plötzlich erkennen läßt.

3

WIE MAN SICH ZEIT NIMMT

SO BEDEUTEND PROUSTS Werk auch sein mag, selbst seine glühendsten Bewunderer hätten vermutlich Mühe, eine seiner unangenehmsten Eigenschaften zu leugnen: seine Länge. Oder um es mit Prousts Bruder Robert zu sagen: »Das Dumme ist, daß man entweder todkrank sein oder sich ein Bein gebrochen haben muß, um Zeit für die Lektüre der *Recherche* zu finden.« Und während wir so mit einem frischvergipsten Bein oder einem Tuberkel in der Lunge im Bett liegen, stoßen wir auch schon auf das nächste Hindernis – die enorme Länge einzelner Proust-Sätze, Bandwurmkonstruktionen, deren längste in Band fünf zu finden ist und die, würde man sie hintereinanderweg auf einen Papierstreifen schreiben, knapp vier Meter lang wäre, so daß sie sich siebzehnmal um den Bauch einer Weinflasche wickeln ließe:

Diejenigen der alten Verdurinschen Möbel, die hier, manchmal sogar unter Beibehaltung einer bestimmten Anordnung, erneut Platz gefunden hatten und denen ich selbst in La Raspelière wiederbegegnet war, fügten in den gegenwärtigen Salon Teile des alten ein, die augenblicksweise mit nahezu halluzinatorischer Deutlichkeit jenen früheren noch einmal heraufbeschworen, gleich darauf aber fast unwirklich schienen, weil sie inmitten der umgebenden Wirklichkeit Bruchstücke einer untergegangenen Welt, die man an einem andern Orte wähnte, wiedererstehen ließen: ein aus Träumen entstiegenes Kanapee zwischen neuen, sehr wirklichen Sesseln, kleine, mit rosa Seide bezogene Stühle, eine durchwirkte Tischdecke auf dem Spieltisch, die zur Würde einer Person erhoben schien, denn wie eine Person besaß sie eine Vergangenheit, ein Gedächtnis, behielt sie doch im kalten Dunkel des Salons am Quai Conti jene Bräunung bei, welche die durch die Fenster der Rue Montalivet einfallende Sonn ahlung (deren genaue Stunde die Decke ebenso gut kannte wie Madame Verdurin selbst) bewirkt hatte, sowie die, die durch die Glasfenster der Gegend bei Doville sich ergoß – wohin man jenes Requisit mitgenommen und wo es den ganzen Tag über den Blumengarten hinweg das tiefe Tal überschaut hatte in Erwartung der Stunden, da Cottard und der Geiger ihre Kartenspiele absolvieren würden – oder auch ein Strauß aus Veilchen und Stiefmütterchen in Pastell, Geschenk eines befreundeten großen Künstlers, der seither verstorben war, einziges hinterbliebenes Fragment eines Lebens, das sonst keine Spuren hinterlassen hatte; jetzt sprach nur dieses Bild noch – in ganz summarischen Zügen – von einem großen Talent und von einer langen Freundschaft, als einziges Überbleibsel erinnerte es noch an Elstirs sanften Blick, an die schöne, füllige und traurige Hand, mit der er immer gemalt hatte; ein gefälliges Durcheinander, eine Wirrnis aus Geschenken der Getreuen, die der Hausherrin überallhin gefolgt waren und schließlich die feste Prägung eines Charakterzuges, einer Schicksalslinie angenommen hatten, eine Fülle von Blumensträußen und Pralinenschachteln, die hier wie dort in einer ganz gleichen Art von üppigen Wachstum wuchernd sich entfalteten; eine merkwürdige Einsprengung aus sonderbaren und überflüssigen Objekten, jenen Dingen, die noch aussehen, als kommen sie eben erst aus der Verpackung hervor, in der sie als Geschenk überreicht worden sind, und die das ganze Leben hindurch bleiben, was sie zunächst gewesen sind, nämlich Geschenke zum 1. Januar; alle jene Gegenstände endlich, die man von den anderen nicht hätte trennen können, die aber für Brichot, den alten Besucher der Verdurinschen Feste, eine Patina und Weichheit bekommen hatten, wie sie Dingen eigen sind, denen ein geistiges Abbild ihrer selbst in unserem Innern eine Art von Tiefe hinzuzufügen scheint – alles dies ließ perlend in ihm jeweils Töne erwachen, welche in seinem Herzen geliebte Anklänge weckten: verworrene Erinnerungen, die gerade hier in diesem ganz und gar die Gegenwart verkörpernden Salon, indem sie vereinzelte Lichtflecke schufen – so wie an einem schönen Tage die Sonne im Viereck geradezu in die Atmosphäre eines Raumes hineingezeichnet – die Möbel und Teppiche gleichsam ausschnitten und mit einer Rahmenlinie umzogen, wobei sie von einem Kissen zu einer Blumenvase, einem Hocker zu einem noch lose anhaltenden Duft, einer Beleuchtungsart zu einem Vorherrschen bestimmter Farben hinüberleiteten und in plastischer und gleichzeitig beseelter Gestalt eine Form vor Augen rückten, welche gleichsam die ideale, allen aufeinanderfolgenden Heimen anhaftende Urgestalt des Salons der Verdurins war.

Alfred Humblot, der Leiter des renommierten Verlagshauses Ollendorff, sah so etwas zum ersten Mal. Sein Autor Louis de Robert, ein Freund und Förderer Prousts, hatte ihm dessen Manuskript im Frühjahr 1913 zur Begutachtung übersandt. »Mein lieber Freund, ich bin vielleicht komplett vernagelt«, antwortete Humblot nach einem kurzen und zweifellos verwirrten Blick auf den Anfang des Romans, »aber ich kann beim besten Willen nicht verstehen, daß ein Mensch dreißig Seiten braucht, um zu beschreiben, wie er sich vor dem Einschlafen im Bett hin und her wälzt.«

Mit dieser Ansicht stand er nicht allein. Jacques Madeleine, ein Lektor des Fasquelle Verlags, hatte dasselbe Bündel von Papieren bereits einige Monate zuvor auf dem Schreibtisch gehabt. »Nach siebenhundertzwölf Manuskriptseiten«, lautete sein Kommentar, »nach endlosem Lamentieren über das Versinken in unergründlichen Verwicklungen und der bangen Erwartung, niemals wieder an die Oberfläche gelangen zu können, weiß man noch immer nicht, worum es eigentlich geht. Was soll das alles? Was hat es zu bedeuten? Wohin soll es führen? Unmöglich, es herauszufinden! Unmöglich, etwas dazu zu sagen!«

Trotzdem versuchte sich Madeleine an einer Zusammenfassung der ersten siebzehn Seiten: »Ein Mann findet keinen Schlaf. Er wälzt sich im Bett hin und her, läßt im Halbschlaf Traumbilder an sich vorüberziehen, von denen einige ihn an die Einschlafschwierigkeiten erinnern, die er als kleiner Junge hatte, in seinem Zimmer im Landhaus der Familie in Combray. Siebzehn Seiten! Und ein Satz (auf Seite 4 unten und weiter auf Seite 5) erstreckt sich über vierundzwanzig Zeilen!«

Da alle anderen Verlage diese Einschätzung teilten, war Proust gezwungen, die Veröffentlichung seines Buches aus eigener Tasche zu finanzieren (und durfte sich dafür ein paar Jahre später an einer Flut von ebenso zerknirschten wie reumütigen Entschuldigungen erfreuen). Der Vorwurf der Geschwätzigkeit hielt sich jedoch beharrlich. Ende 1921 – sein Werk hatte inzwischen breite Anerkennung gefunden – schrieb ihm eine siebenundzwanzigjährige und, eigenen Angaben zufolge, bildschöne Amerikanerin aus Rom, sie habe nunmehr volle drei Jahre auf die Lektüre des Romans verwandt. Es gebe da nur ein Problem: »Ich verstehe rein gar nichts. Werter Marcel Proust, hören Sie auf, den Poseur zu spielen, und kehren Sie auf den Boden der Tatsachen zurück. Erklären Sie mir in zwei Zeilen, was Sie eigentlich sagen wollten.«

Die Enttäuschung der römischen Schönheit deutet darauf hin, daß der Poseur gegen ein grundlegendes Gesetz verstoßen hatte, welches besagt, daß sich die Länge eines Buches aus der dem Geschilderten angemessenen Zahl von Wörtern zu ergeben habe. Er hatte nicht *per se* zuviel geschrieben; vielmehr hatte er sich angesichts der Irrelevanz der dargestellten Ereignisse zu unverzeihlichen Abschweifungen hinreißen lassen. Einschlafen? Zwei Wörter sollten reichten, vier Zeilen, falls der Held an Verstopfung leidet oder auf dem Hof eine Schäferhündin Junge wirft. Doch der Poseur war nicht nur über das Schlafen abgeschweift, sondern hatte zum Thema Soiréen, Verführungen und Eifersüchteleien denselben Fehler begangen.

Dies war vermutlich die Anregung für den »›All-England‹-Proust-Zusammenfassungs-Wettbewerb«, den Monty Python seinerzeit in einem südenglischen Seebad durchführten, ein Wettstreit, dessen Teilnehmer erst in Badehose, dann in Abendgarderobe ein fünfzehnsekündiges Resümee von Prousts siebenbändigem Roman vortragen mußten. Der erste Kandidat, Harry Baggot aus Luton, gab hastig folgendes zum besten:

»Vordergründig erzählt Prousts Roman von der Unwiederbringlichkeit der verlorenen Zeit, vom Verlust der Unschuld, von Erfahrung, von der Wiedereinsetzung überzeitlicher Werte und von wiedergewonnener Zeit. Der Roman ist letzten Endes optimistisch, spielt im Kontext einer humanen religiösen Erfahrung und nimmt als solcher die Idee der Überzeitlichkeit wieder auf. Im ersten Band besucht Swann, ein Freund der Familie …«

Doch da waren die fünfzehn Sekunden auch schon um. »Nicht schlecht«, verkündete der Showmaster mit heuchlerischer Stimme, »aber er hat es leider vorgezogen, eine allgemeine Bewertung des Werkes abzugeben, bevor er zur eigentlichen Geschichte kam.« Der Teilnehmer wurde für seine Badehose gelobt und unter Danksagungen von der Bühne geführt.

Trotz dieser persönlichen Niederlage hielten die Veranstalter des Wettbewerbs optimistisch an der Überzeugung fest, daß der richtige Kandidat durchaus imstande sei, den Inhalt von Prousts siebenbändigem Roman in fünfzehn Sekunden angemessen und ohne allzu großen Verlust an Sinn und Form wiederzugeben.

Woraus bestand Prousts Frühstück? Solange seine Gesundheit es erlaubte, aus zwei Tassen starkem Milchkaffee, serviert in einer Silberkanne mit seinen eingravierten Initialen. Er mochte den Kaffee am liebsten, wenn das Pulver fest in den Filter gepreßt wurde, damit das Wasser langsam durchtropfte. Dazu aß er ein Croissant, das seine Haushälterin in einer Boulangerie besorgte, wo sie besonders zart und knusprig waren, und das er in den Kaffee tunkte, während er die Post durchsah und Zeitung las.

Bei der Zeitungslektüre bewegten ihn zwiespältige Gefühle. Wie außergewöhnlich der Versuch, einen siebenbändigen Roman in fünfzehn Sekunden zusammenzufassen, auch erscheinen mag, er wird am Ausmaß der Verknappung, die eine Tageszeitung erfordert, bei weitem übertroffen. Geschichten, mit denen sich bequem zwanzig Bände füllen ließen, werden in schmale Spalten gequetscht, die mit einer Vielzahl anderer, ehemals tiefgründiger und nun verflachter Dramen um die Gunst des Lesers buhlen.

»Jene scheußliche und wollüstige Tat ... die sich *Zeitunglesen* nennt«, schrieb Proust, »und dank derer sich die Unglücke und Katastrophen der Welt in den letzten vierundzwanzig Stunden, die Schlachten, die fünfzigtausend Menschenleben gekostet haben, die Verbrechen, die Streiks, die Pleiten, die Brände, die Vergiftungen, die Selbstmorde, die Scheidungen, die grausamen Gefühle von Staatsmännern und Schauspielern, für unseren persönlichen Gebrauch zum Morgenmahl verwandelt, für uns, die wir nicht betroffen sind, vorzüglich und auf besonders erregende und stärkende Weise mit dem empfohlenen Einnehmen einiger Schlucke Milchkaffee verbinden.«

Was Wunder, daß der Gedanke an den nächsten Schluck Kaffee unser Vorhaben, die engbedruckten, womöglich vollgekrümelten Seiten mit der erforderlichen Sorgfalt zu studieren, ohne weiteres vereiteln kann? Je knapper ein Bericht, desto stärker erweckt er den Anschein, daß er nicht mehr Platz benötigt, als ihm zugewiesen wurde. Wie schnell sind wir geneigt, uns einzubilden, daß gestern wieder einmal so gar nichts passiert sei, die fünfzigtausend Kriegstoten zu vergessen und die Zeitung seufzend und mit einem leisen Anflug von Schwermut über das tägliche Einerlei aus der Hand zu legen.

Nicht so Proust. Eine ganze Philosophie, nicht nur über das Lesen, sondern auch über das Leben, verbirgt sich in Lucien Daudets eigentlich eher beiläufiger Bemerkung:

> Er verwandte große Sorgfalt auf die Zeitungslektüre und verschmähte dabei nicht einmal die Kurzmeldungen. Wenn er eine Kurzmeldung erzählte, wurde sie, dank seiner Einbildungskraft und Phantasie, zu einem tragischen oder komischen Roman.

Die Kurzmeldungen im *Figaro*, Prousts Tageszeitung, waren nichts für schwache Nerven. An nur einem Morgen im Mai 1914 beehrte das Blatt seine Leser mit folgenden Preziosen:

> In Villeurbanne sprang ein Pferd in einen Straßenbahnwaggon, brachte sämtliche Fahrgäste zu Fall und verletzte dabei drei von ihnen so schwer, daß sie ins Krankenhaus gebracht werden mußten.

Als M. Marcel Peigny aus Aube einem Freund die Funktionsweise des städtischen Elektrizitätswerks erläutern wollte, berührte er mit dem Finger versehentlich eine Hochspannungsleitung und wurde auf der Stelle vom Stromschlag getötet.

Der Lehrer Jules Renard nahm sich gestern in der Metro-Station »Republique« durch einen Pistolenschuß ins Herz das Leben. M. Jules Renard litt an einer unheilbaren Krankheit.

Was für komische oder tragische Romane hätten sich daraus machen lassen! Jules Renard? Ein unglücklich verheirateter, asthmakranker Chemielehrer an einer Mädchenschule am linken Seineufer, bei dem man Darmkrebs festgestellt hat, Anklänge an Balzac, Dostojewski und Zola. Der von einem Stromschlag getötete Marcel Peigny? Umgekommen bei dem Versuch, einem Freund mit seinen Fähigkeiten als Elektriker zu imponieren, um so eine eheliche Verbindung zwischen dessen korsettfreier Tochter Mathilde und seinem hasenschartigen Sohn Serge zu begünstigen. Und das Pferd in Villeurbanne? Schlug einen Purzelbaum in eine Straßenbahn, weil es einer Zirkuskarriere nachtrauerte oder seinen Bruder rächen wollte, der am Marktplatz kurz zuvor von einem Omnibus angefahren und danach beim Pferdemetzger gelandet war, auf Feuilletonformat zurechtgestutzt.

Ein eher nüchternes Beispiel für Prousts inflationistische Bestrebungen in dieser Richtung ist erhalten. Im Januar 1907 stieß er bei der Zeitungslektüre auf eine Kurzmeldung mit der Überschrift *Tragischer Wahnsinn*. Ein junger

Bürgersohn namens Henri van Blarenberghe hatte seine Mutter »in einem Anfall von Wahnsinn« mit einem Küchenmesser erstochen. Sie hob flehend die Hände, rief: »Henri, Henri, was hast du mir angetan?« und brach tot zusammen. Daraufhin schloß sich Henri in seinem Zimmer ein und versuchte, sich mit dem Messer die Kehle durchzuschneiden, konnte die richtige Ader aber nicht finden, und so setzte er sich schließlich einen Revolver an die Schläfe. Leider wußte er auch mit dieser Waffe nicht recht umzugehen, und als die Polizisten (unter ihnen ein Beamter namens Proust) am Tatort eintrafen, fanden sie ihn auf dem Bett in seinem Zimmer liegend; sein Gesicht war bis zur Unkenntlichkeit entstellt, und ein Auge baumelte an einem Stück Bindegewebe aus der blutigen Höhle. Sie versuchten, ihn wegen des Mordes an seiner Mutter zu vernehmen, doch er starb, bevor er sich zur Sache äußern konnte.

Proust hätte vermutlich rasch weitergeblättert und noch einen Schluck Kaffee getrunken, wäre er mit dem Mörder nicht persönlich bekannt gewesen. Er war dem höflichen und sensiblen Henri van Blarenberghe bei mehreren Soireen begegnet, und sie hatten sich ein paarmal geschrieben, ja Proust hatte vor wenigen Wochen erst einen Brief von ihm erhalten, in dem der junge Mann sich nach Prousts Gesundheit erkundigte, darüber nachsann, was das neue Jahr ihnen wohl bringen werde und der Hoffnung Ausdruck verlieh, Proust bald wieder einmal treffen zu können.

Alfred Humblot, Jacques Madeleine und die schöne Amerikanerin aus Rom hätten wohl dafür gehalten, daß eine angemessene literarische Würdigung dieses grausigen Verbrechens sich auf ein oder zwei Wörter des Abscheus zu beschränken habe. Proust hingegen verfaßte einen fünfseitigen Artikel, in dem er die ekelerregende Geschichte um baumelnde Augäpfel und Küchenutensilien in einen größeren Zusammenhang zu setzen versuchte und sie nicht als eine noch nie dagewesene, unfaßbare Wahnsinnstat darstellte, sondern vielmehr als Manifestation eines tragischen Aspekts der menschlichen Natur, der schon seit der griechischen Antike im Mittelpunkt vieler großer Werke der abendländischen Kunst gestanden habe. Proust verglich Henris blinde Wut bei der Ermordung seiner Mutter mit der verwirrten Raserei des Ajax, als dieser die griechischen Hirten und ihre Schafe massakriert. Henri sei Ödipus, sein Revolver die Goldspange am Gewand der toten Iokaste, mit welcher der verzweifelte Thebaner sich die Augen aussticht. Henris Fassungslosigkeit beim Anblick seiner toten Mutter gemahnte Proust an König Lear, der den Leichnam Cordelias in den Armen hält und ruft: »Hin auf immer! Tot wie die Erde! Nein! Kein Leben! Ein Hund, ein Pferd, 'ne Maus soll Leben haben, und du nicht einen Hauch?« Und als der Polizeibeamte Proust zur Vernehmung des sterbenden Henri eintrifft, antwortete der Autor Proust ihm mit den Worten Kents, der Edgar befiehlt, den schlafenden Lear ruhen zu lassen: »Quält seinen Geist nicht: Laßt ihn zieh'n! Der haßt ihn, der auf die Folter dieser zähen Welt ihn länger spannen will.«

Mit diesen Literaturzitaten wollte Proust beileibe nicht nur Eindruck schinden (obgleich er der Ansicht war, »daß man nie eine Gelegenheit vorübergehen lassen sollte, etwas von anderen zu zitieren, was immer interessanter ist als das, was man selbst findet«). Sie waren vielmehr ein Verweis auf die universellen Folgen des Muttermordes. Für Proust hatte van Blarenberghes Verbrechen uns allen etwas mitzuteilen, wir sollten es keinesfalls als völlig losgelöst von seiner Dynamik betrachten. Selbst wenn wir nur vergessen hätten, unserer Mutter einen Geburtstagsgruß zu schicken, müßten wir in Mme van Blarenberghes Todesschreien *(»Was hast du mir angetan? Was hast du mir angetan?«)* eine Spur unserer Gewissensbisse wiederfinden. »Wenn wir darüber nachdenken mögen«, schrieb Proust, »gibt es vielleicht keine wahrhaft liebende Mutter, die nicht in ihrer letzten Stunde, oft viel früher, ihrem Sohn diesen Vorwurf machen könnte. Im Grunde machen wir alles, was uns liebt, altern, töten es durch die Sorgen, die wir ihm bereiten, durch eben die zärtliche Unruhe, die wir hervorrufen und in dauernde Aufregung versetzen.«

Auf diese Weise hatte Proust einen Vorfall, der auf den ersten Blick nicht mehr als ein paar schauerliche Zeilen unter der Rubrik »Vermischtes« zu verdienen schien, in die Geschichte der tragischen Mutter-Sohn-Beziehungen eingereiht und dessen Dynamik mit demselben Einfühlungsvermögen bedacht, das wir der Bühnenfigur Ödipus zwar jederzeit entgegenbringen würden, im Falle eines Mörders aus der Morgenzeitung jedoch als unangemessen, ja empörend empfänden.

Das beweist, wie sehr die menschliche Erfahrung durch Verknappung Schaden zu nehmen vermag, wie leicht man sie der oft weithin sichtbaren Signale berauben kann, an denen wir uns orientieren, wenn wir einer Sache Bedeutung beimessen. Die meisten Theaterstücke und Romane wären uns womöglich völlig uninteressant erschienen und hätten uns nicht angesprochen, wenn wir ihrem Sujet zunächst beim Frühstück in Form einer Kurzmeldung begegnet wären.

> Tragisches Ende einer Romanze in Verona: Da er seine Liebste irrtümlich für tot hielt, nahm sich ein junger Mann das Leben. Als sie vom Schicksal ihres Geliebten erfuhr, brachte auch sie sich um.
>
> Nach Familienstreitigkeiten warf sich eine junge Mutter in Rußland vor den Zug.
>
> Nach Familienstreitigkeiten nahm sich eine junge Mutter aus einer französischen Provinzstadt mit Arsen das Leben.

Dummerweise sind Shakespeare, Tolstoi und Flaubert so hervorragende Künstler, daß ein halbwegs klar denkender Mensch vermutlich selbst an einer dieser Meldungen erkannt hätte, welches Potential in Romeo, Anna und Emma steckt, daß diese Figuren das Zeug zur großen Literatur oder für die Bühne des Globe Theatre besitzen, obwohl sie sich vordergründig natürlich in nichts von dem Purzelbaum schlagenden Pferd aus Villeurbanne oder dem durch einen Stromschlag umgekommenen Marcel Peigny aus Aube unterscheiden. Daher Prousts Behauptung, daß die Größe eines Kunstwerks nicht auf den vermeintlichen Qualitäten seines Stoffes, sondern ausschließlich auf der Ausarbeitung desselben beruht, daß praktisch alles zum Thema eines Kunstwerks werden kann und sich in einer Seifenwerbung ebensoviel Wertvolles entdecken läßt wie in Pascals *Pensées*.

Blaise Pascal wurde 1623 geboren und schon in jungen Jahren – und das nicht nur von seinen stolzen Eltern – als Genie erkannt. Mit zwölf hatte er die ersten zweiunddreißig Sätze des Euklid selbst herausgefunden und bewiesen; später begründete er die Wahrscheinlichkeitstheorie, maß den Luftdruck, baute eine Rechenmaschine, konstruierte einen Omnibus, erkrankte an Tuberkulose und schrieb eine Reihe ebenso brillanter wie pessimistischer Aphorismen zur Verteidigung des christlichen Glaubens, die er unter dem Titel *Pensées* zusammenfaßte.

Kein Wunder also, daß sich in den *Pensées* allerhand Wertvolles entdecken läßt. Das Buch nimmt eine kulturelle Vorrangstellung ein, die dazu einlädt, es in Ruhe zu lesen und die Schuld bei sich selbst statt beim Autor zu suchen, wenn man etwas nicht versteht. Doch ist dies ohnehin eher unwahrscheinlich, da die *Pensées* mit verführerischer Direktheit geschrieben sind und universelle Fragen mit geradezu moderner Prägnanz behandeln. »Man wählt, um ein Schiff zu steuern, nicht denjenigen unter den Reisenden aus, der dem vornehmsten Geschlecht entstammt«, lautet einer der Aphorismen, und man kann die trockene Ironie dieses Protests gegen ererbte Privilegien nur bewundern, der in der nicht unbedingt leistungsorientierten Gesellschaft des siebzehnten Jahrhunderts gewiß auf wenig Gegenliebe stieß. Durch eine geschickt gewählte Analogie zwischen der Führung der Staatsgeschäfte und der Führung eines Schiffes gibt Pascal den Brauch, Leuten allein aufgrund ihrer vermeintlich bedeutenden Herkunft wichtige Ämter zuzuschanzen, klammheimlich der Lächerlichkeit preis: Zwar hätten sich Pascals Leser vom umständlichen Argument eines Aristokraten, weshalb ihm das göttliche

Recht verliehen sei, die Wirtschaftspolitik zu lenken, obwohl er nicht einmal das große Einmaleins beherrsche, vermutlich durchaus einschüchtern und zum Schweigen bringen lassen, das ähnliche Ansinnen eines in der Seefahrt unkundigen Herzogs hingegen, sie mit dem Schiff ums Kap der Guten Hoffnung steuern zu wollen, hätten sie wahrscheinlich lauthals protestierend abgelehnt.

Im Vergleich dazu ist Seife nichts als Schaum. Wie weit haben wir die geistigen Gestade doch hinter uns gelassen mit dieser langhaarigen Maid, die verzückt sich an die Brust faßt beim Gedanken an ihre Toilettenseife, die sie zusammen mit ihren Halsketten griffbereit in einer Schmuckschatulle aufbewahrt.

Zwar läßt sich schwerlich behaupten, daß derlei seifige Seligkeit tatsächlich ebenso bedeutsam sei wie Pascals *Pensées*. Aber das lag auch gar nicht in Prousts Absicht, er wollte lediglich sagen, daß eine Seifenwerbung der Ausgangspunkt für Gedanken sein kann, die letztlich ebenso tiefgründig sind wie Pascals wohlformulierte, wohlüberlegte *Pensées*. Wenn wir uns bislang keine tiefsinnigen Gedanken über Toilettenseife gemacht haben, so liegt das vielleicht einzig und allein an unserem Festhalten an althergebrachten Vorstellungen darüber, wo und wann man was zu denken hat, an unserem Widerstand gegen den Geist, der Flaubert dazu verleitete, aus einer Zeitungsnotiz über den Freitod einer jungen Ehefrau *Madame Bovary* zu machen, oder den Geist, der Proust dazu bewegte, dem eigentlich eher reizlosen Thema des Einschlafens dreißig Seiten zu widmen.

Ein ähnlicher Geist scheint Proust bei der Wahl seiner Lektüre geleitet zu haben. Seinem Freund Maurice Duplay verdanken wir die Auskunft, daß Marcel, wenn er nicht einschlafen konnte, am liebsten Eisenbahnfahrpläne las.

Proust, der in seinen letzten acht Lebensjahren keinen Anlaß fand, Paris noch einmal zu verlassen, ging es dabei nicht um die Abfahrtszeiten der Züge von der Gare St. Lazare. Er verschlang die Fahrpläne vielmehr wie einen packenden Roman über das Landleben, da die bloßen Namen von Provinzbahnhöfen seiner Phantasie genügend Material zum Entwurf ganzer Welten lieferten, mitsamt Familiendramen in entlegenen Dörfern, lokalpolitischen Querelen und Szenen aus dem bäuerlichen Leben.

Numéro de train		88101	88045	88047	3131	13161	3133	3139
Notes à consulter		1	2	1	2	3	1	2
Paris-St-Lazare	D				06.42	07.39	07.55	09.15
Mantes la Jolie	D				|	08.11	|	|
Vernon (Eure)	D				07.23	08.24	|	|
Gaillon-Aubevoye	D				|	08.34	|	|
Val-de-Reuil	D				|	08.46	|	|
Oissel	D	05.56			|	08.56	|	|
Rouen-Rive-Droite	A	06.12			07.56	09.08	09.04	10.26
Rouen-Rive-Droite	D		06.20	06.50	08.00	09.10	09.06	10.28
Yvetot	A		06.48	07.26	08.20	09.34	09.26	10.48
Bréauté-Beuzeville	A		07.08	07.46	08.35	09.48	|	11.02
Le Havre	A		07.24	08.15	08.51	10.04	09.51	11.18

1. Circule: tous les jours sauf les dim et fêtes.
2. Circule: tous les jours sauf les dim et fêtes – ♿.
3. Circule: les dim et fêtes.

Proust vertrat die Ansicht, das Vergnügen an eigenwilligem Lesestoff sei typisch für einen Schriftsteller, der häufig Begeisterung für Dinge zu entwickeln pflegt, die mit großer Kunst auf den ersten Blick nicht viel zu schaffen haben, für den

> eine abscheuliche musikalische Darbietung in einem Provinztheater, ein Ball, den die Leute von Geschmack lächerlich finden, entweder … Erinnerungen wecken oder auch sich in ihm viel stärker mit einer Ordnung von Träumereien und Gedanken verknüpfen [kann] als eine bewundernswerte Aufführung in der Oper, als eine ultra-elegante Soirée im Faubourg Saint-Germain. Der Name von Stationen im Fahrplan der Nord-Eisenbahn, wo er in seiner

Vorstellung gern an einem Herbstabend aus dem Waggon steigen würde, wenn die Bäume schon ihre Blätter verloren haben und in der kalten Luft stark riechen, ein für die Leute von Geschmack fades Buch voller Namen, die er seit seiner Kindheit nicht mehr gehört hat, können für ihn einen ganz anderen Wert haben als schöne Philosophiebücher und werden die Leute von Geschmack von ihm sagen lassen, für einen Mann mit Talent habe er sehr dumme Vorlieben.

Oder doch zumindest unkonventionelle Vorlieben. Dies wurde besonders deutlich, wenn man Proust zum ersten Mal begegnete und sich zu Facetten des eigenen Lebens befragen lassen mußte, denen man bislang ebensowenig Aufmerksamkeit geschenkt hatte wie einer Reklame für Haushaltsgeräte oder dem Fahrplan der Bahnstrecke Paris–Le Havre.

Der junge Diplomat Harold Nicolson wurde Proust 1919 bei einer Gesellschaft im Ritz vorgestellt. Nicolson war mit der britischen Delegation zur Friedenskonferenz nach Paris beordert worden, eine Aufgabe, die er durchaus interessant fand, wenn auch nicht annähernd so interessant wie Proust.

In seinem Tagebuch beschreibt Nicolson die Begegnung so:

Eine feine Sache. Proust hat ein schmales, hageres Gesicht und ist bleich und unrasiert. Sein Äußeres wirkt eher ungepflegt. Er fragt mich aus. Ob ich wohl die Güte hätte, ihm zu erklären, wie die Ausschußsitzungen vonstatten gehen. Ich sage: »Nun, wir versammeln uns gewöhnlich gegen 10.00, die Schreiber sitzen hinter ...« *»Mais non, mais non, vous allez trop vite. Recommencez. Vous prenez la voiture de la Délégation. Vous descendez au Quai d'Orsay. Vous montez l'escalier. Vous entrez dans la Salle. Et alors? Précisez, mon cher, précisez.«* Ich schildere ihm alles ganz genau. Die verlogene Herzlichkeit: das Händeschütteln: die Landkarten: das Rascheln der Papiere: den Tee, den wir im Nebenraum einnehmen: die Makronen. Er lauscht gebannt und unterbricht von Zeit zu Zeit – *»Mais précisez, mon cher monsieur, n'allez pas trop vite.«*

Das könnte direkt ein Proustsches Motto sein: *N'allez pas trop vite.* Und einer der Vorteile des Nicht-so-schnell-Gehens ist, daß die Welt dabei an Faszinationskraft gewinnt. Was sich für Nicolson mit der knappen Bemerkung »Nun, wir versammeln uns gewöhnlich gegen zehn« zusammenfassen ließ, entpuppte sich bei näherer Betrachtung als ein Vormittag, der angefüllt war mit Landkarten und Händeschütteln, raschelnden Papieren und Makronen – die Makrone fungiert hier, in ihrer verführerischen Süße, als nützliches Symbol dessen, was wir bemerken, wenn wir nicht *trop vite* vorübergehen.

Doch unser Heißhunger soll uns nicht vom Wesentlichen ablenken: daß das langsame Vorüberschlendern auch unser Mitgefühl zu steigern in der Lage ist. Wir bringen dem verwirrten M. van Blarenberghe weitaus mehr Mitgefühl entgegen, wenn wir eine ausführliche Betrachtung seines Verbrechens zu Papier bringen, als wenn wir beim Umblättern *verrückt* murmeln.

Und auch nichtkriminelle Tätigkeiten profitieren von

Ausführlichkeit. Prousts Erzähler verwendet außerordentlich viele Romanseiten auf die Beschreibung eines schmerzlichen Entschlusses; er weiß nicht, ob er seiner Freundin Albertine, ohne die er einerseits nicht leben zu können glaubt, die er andererseits jedoch nie wiedersehen will, einen Heiratsantrag machen soll.

Ein talentierter Teilnehmer des »All-England«-Proust-Zusammenfassungs-Wettbewerbs könnte dieses Problem in knapp zwei Sekunden resümieren: *Junger Mann im Zweifel, ob er Heiratsantrag machen soll.* Der Brief, den der Erzähler eines Tages von seiner Mutter erhält, kleidet sein eheliches Dilemma, wenn auch etwas ausführlicher als oben, in Worte, die seine frühere, umfassende Analyse schamlos übertrieben erscheinen lassen. Nachdem er den Brief gelesen hat, sagt sich der Erzähler:

> Ich gab mich Träumereien hin, während die Sache in Wirklichkeit ganz einfach war ... Ich bin ein unentschlossener junger Mann, und es handelt sich um eine jener Heiraten, bei denen man eine Zeitlang nicht weiß, ob sie zustande kommen oder nicht. Es war nichts Besonderes an dem Fall Albertine.

Simple Schilderungen haben durchaus ihren Reiz. Mit einem Mal sind wir nur noch »unsicher«, »heimwehkrank«, wir »leben uns ein«, blicken »dem Tod ins Auge« oder haben »Angst loszulassen«. Es ist mitunter beruhigend, sich mit der Darstellung eines Problems zu identifizieren, die eine frühere Beurteilung unnötig kompliziert erscheinen läßt.

Doch das ist keinesfalls die Regel. Nachdem er den Brief gelesen hat, überlegt der Erzähler einen Augenblick und erkennt, daß hinter seiner Geschichte mit Albertine mehr stecken muß, als seine Mutter unterstellt, und so entscheidet er sich, nachdem er mehrere hundert Seiten darauf verwandt hat, jede Wendung seiner Beziehung zu Albertine genauestens zu verzeichnen, abermals für die Ausführlichkeit *(n'allez pas trop vite)* und schreibt:

> Man kann tatsächlich, was immer man unter einem rein gesellschaftlichen Gesichtspunkt betrachtet, auf die banalsten aller ständig wiederkehrenden Begebenheiten zurückführen. Von außen her würde ich es vielleicht auch so ansehen. Aber ich weiß: Wahr, zum mindesten ebenfalls wahr ist alles, was ich gedacht, was ich in Albertines Augen gelesen habe, wahr sind die Befürchtungen, die mich foltern, und die Probleme, die mich unaufhörlich im Hinblick auf meine Freundin beschäftigen; die Geschichte von dem zögernden Verlobten und der nicht zustande gekommenen Heirat mag dem gleichwohl entsprechen, so wie die Theaterkritik eines Lokalreporters mit gesundem Menschenverstand für ein Stück von Ibsen Stoff abgeben kann. Aber neben den Tatsachen, die man berichtet, besteht eben doch noch etwas anderes.

Was lernen wir daraus? Sich an die Praxis zu halten, die Zeitung so zu lesen, als sei sie lediglich die Spitze eines komischen oder tragischen Romaneisbergs, und notfalls dreißig Seiten auf die Schilderung des Einschlafens zu verwenden. Und wenn dazu keine Zeit ist, sich doch wenigstens gegen die Haltung von Alfred Humblot bei Ollendorff und Jacques Madeleine bei Fasquelle zur Wehr zu setzen, die Proust »den ›Stolz der Vielbeschäftigten‹« nannte – wie albern deren Beschäftigung auch sein mag – »›keine Zeit‹ für so etwas zu haben«.

4
WIE MAN ERFOLGREICH LEIDET

WILL MAN DIE Gedanken eines Menschen auf ihre Intelligenz hin untersuchen, so kann es nicht schaden, seine körperliche und geistige Gesundheit einer gründlichen Prüfung zu unterziehen. Denn hätten seine Aussagen tatsächlich unser Gehör verdient, würde ihr Urheber wohl als erstes von ihnen profitieren. Aber rechtfertigt dies allein schon das Interesse nicht nur an den Werken eines Autors, sondern auch an seinem Leben?

Sainte-Beuve, der angesehene Kritiker des neunzehnten Jahrhunderts, hätte eifrig beigepflichtet:

> Solange man sich in bezug auf einen Autor nicht eine bestimmte Anzahl von Fragen gestellt und sie beantwortet hat, und sei es nur leise und für sich ganz allein, ist man nicht sicher, ihn ganz zu besitzen, mögen diese Fragen auch als dem Wesen seiner Schriften sehr fernliegend erscheinen: Was dachte er über die Religion? Wie berührte ihn das Schauspiel der Natur? Wie verhielt er sich in bezug auf die Frauen, in bezug auf das Geld? War er reich oder arm? Welche war seine alltägliche Lebensweise, wie ernährte er sich? Welches war sein Laster oder seine Schwäche? Keine Antwort auf diese Fragen ist unwichtig …

Und doch sind die Antworten erstaunlich. Egal wie brillant ihre Werke auch sein mögen, das Leben der meisten Künstler gleicht einer seltsamen, um nicht zu sagen bizarren Anhäufung von Katastrophen, Dummheiten und Elend.

Das erklärt, weshalb Proust Sainte-Beuves These verwarf und energisch dafür eintrat, daß nur die Bücher eines Autors von Bedeutung seien, nicht aber sein Leben. So brauche der Leser keine Angst zu haben, seine Zeit mit Belanglosigkeiten zu vergeuden (»Zwar gibt es Leute, deren Person ihren Büchern überlegen ist, aber das liegt daran, daß ihre Bücher keine *Bücher* sind«). Balzac mag ein Rüpel, Stendhal ein Langweiler und Baudelaire ein Besessener gewesen sein, doch warum sollte das unseren Blick auf ihre Werke trüben, die keinen der Makel aufweisen, die ihren Urhebern anhaften?

Trotz der Fragwürdigkeit dieses Arguments nimmt es kaum wunder, daß Proust es sich so vehement zu eigen machte. Während seine Schriften von Logik und Präzision, von heiterer Gelassenheit und bisweilen sogar Weisheit zeugten, führte er ein von entsetzlichem physischen und psychischen Leid geprägtes Leben. Zwar würde mancher sicherlich gern eine Proustsche Haltung zum Leben einnehmen, doch kein vernünftiger Mensch würde wohl im Ernst so leben wollen wie Proust.

Darf man dieses Ausmaß an Leid tatsächlich unbeachtet lassen? Woher bezog Proust seine Erfahrung? Konnte er uns wirklich etwas mitzuteilen haben, *obwohl* er ein so schweres, untypisches Leben führte? War die Wahrheit tatsächlich so weit von Sainte-Beuves Theorie entfernt?

Das Leben stellte ihn zweifellos auf eine harte Probe. Er hatte psychische Probleme zuhauf.

– Sohn einer jüdischen Mutter
Durch seine Geburt geriet Proust in die Fänge eines ausgesprochen extremen Exemplars. »In ihren Augen (bin) ich immer vier Jahre alt geblieben«, schrieb Marcel über Mme Proust, die er Maman oder, häufiger noch, *»chère petite Maman«* zu nennen pflegte.

»Er sagte niemals *meine Mutter* oder *mein Vater*, immer nur ›Papa‹ und ›Maman‹, wie ein zärtlicher kleiner Junge, wobei ihm, wenn er diese Silben aussprach, automatisch die Tränen in die Augen stiegen und ein unterdrücktes Schluchzen aus seiner zugeschnürten Kehle drang«, erinnerte sich Prousts Freund Marcel Plantevignes.

Mme Proust liebte ihren ältesten Sohn mit einer Inbrunst, die selbst den glühendsten Verehrer vor Neid hätte erblassen lassen, einer Zuneigung, die Marcels notorische Hilflosigkeit überhaupt erst hervorrief, zumindest aber drastisch verstärkte. In ihren Augen war er ohne sie rettungslos verloren. Sie lebten von seiner Geburt bis zu ihrem Tod zusammen; als sie starb, war er vierunddreißig. Dennoch war ihre größte Sorge, daß Marcel niemals auf eigenen Füßen würde stehen können. »Meine Mutter wollte weiterleben, um mir den angstvollen Zustand zu ersparen, in den ich – wie sie wußte – ohne sie verfallen würde«, schrieb er nach ihrem Tod. »Unser Leben war ein einziger Vorbereitungsprozeß: Sie lehrte mich, ohne sie auszukommen, wenn sie mich würde verlassen müssen ... Und ich versuchte sie davon zu überzeugen, daß ich sehr gut ohne sie leben könne.«

Obwohl sie es gut meinte, äußerte sich die Sorge um ihren Sohn nicht selten darin, daß sie ihn herumkommandierte. Mit vierundzwanzig – bei einer der seltenen Gelegenheiten, da sie getrennt waren – schrieb Marcel ihr, daß er ausgezeichnet schlafe (wie er schlief, aß und verdaute, war eines der vorherrschenden Themen ihrer Korrespondenz). Doch Maman beklagte sich, seine Angaben seien ihr nicht präzise genug: »Mein Liebling. Dein ewiges ›so und so lange schlafen‹ sagt mir nach wie vor nichts, jedenfalls nichts Brauchbares. Immer wieder verlange ich:

Zu Bett gegangen um …

Aufgestanden um …«

Marcel stillte die übertriebene Wißbegierde seiner Mutter hinsichtlich seines physischen Befindens im allgemeinen nur zu gern (ihr und Sainte-Beuve hätte es an Gesprächsstoff nicht gefehlt). Von Zeit zu Zeit richtete er eine spontane Frage an die ganze Familie. »Bitte (erkundige Dich bei) Papa, was es bedeutet, wenn man beim Wasserlassen ein Brennen verspürt, das einen zwingt aufzuhören, danach fünf-, sechsmal in einer Viertelstunde wieder zu beginnen. Da ich dieser Tage Ozeane von Bier zu mir genommen habe, kommt es vielleicht davon«, sinnierte er in einem Brief an seine Mutter; damals war Maman dreiundfünfzig, Papa achtundsechzig und Marcel einunddreißig.

Beim Ausfüllen eines Fragebogens antwortete Proust auf die Frage *Was wäre für Sie das größte Unglück?*: »Von Maman getrennt zu sein.« Wenn er nachts nicht schlafen konnte und seine Mutter schon im Bett lag, schrieb er ihr kleine Briefe und legte sie vor ihre Zimmertür, wo sie sie am nächsten Morgen fand. *»Ma chère petite Maman«*, lautete ein typisches Beispiel, »während ich schlaflos liege, schreibe ich Dir diese wenigen Worte, um Dir zu sagen, daß ich an Dich denke.«

Trotz solcher Zeilen herrschten zwischen Proust und seiner Mutter unterschwellige Spannungen. Marcel spürte, daß Maman ihren Sohn lieber krank und unselbständig sah als gesund und pissend wie ein Pferd: »Die Wahrheit ist, daß Du, sobald ich mich wohl befinde, alles zerstörst, bis es Dir abermals schlechtgeht, weil das Leben, das mir Besserung verschafft, Dich aufreizt«, schrieb er in einem seltenen, aber bezeichnenden Ausfall gegen das erdrückende Bestreben seiner Mutter, sich als seine Krankenschwester zu gerieren. »Es ist betrüblich, daß ich nicht gleichzeitig Deine Zuneigung und meine Gesundheit haben kann.«

– *Peinliche Begierden*

Dann folgte die schleichende Erkenntnis, daß Marcel anders war als andere Knaben. »Denn niemand weiß zunächst, daß er invertiert oder Dichter, ein Snob oder auch ein Bösewicht ist. Wie mancher Schüler, der Liebesgedichte auswendig lernte oder obszöne Bilder betrachtete und sich dabei dicht an einen Kameraden drängte, bildete er sich ein, mit ihm nur eins zu sein im gemeinsamen Drang nach der Frau. Wie sollte er ahnen, daß er nicht allen andern gleich ist, wenn er doch die Substanz dessen, was er empfindet, bei der Lektüre von Madame de la Fayette, Racine, Baudelaire und Walter Scott wiedererkennt …?«

Doch nach und nach stellte Proust fest, daß er die Aussicht auf eine Nacht mit Scotts Diana Vernon nicht annähernd so verlockend fand wie die körperliche Nähe eines Kameraden, eine schwierige Erkenntnis im unaufgeklärten Frankreich des späten neunzehnten Jahrhunderts, noch dazu im Schatten einer Mutter, die sich an die Hoffnung klammerte, daß ihr Sohn heiraten werde und seine Freunde immer wieder drängte, junge Damen mitzubringen, wenn sie Marcel ins Theater oder Restaurant ausführten.

– *Verhinderte Liebschaften*
Hätte sie ihre Energien doch nur darauf verwandt, das andere Geschlecht einzuladen, es war nämlich nicht leicht, junge Männer zu finden, die Diana Vernon auch nichts abgewinnen konnten. »Du hältst mich für blasiert und dekadent, zu Unrecht«, widersprach Proust einem besonders widerspenstigen Kandidaten, seinem hübschen, sechzehn Jahre alten Mitschüler Daniel Halévy. »Wenn Du reizend bist und schöne, strahlende Augen hast ... wenn Dein Körper so geschmeidig und anmutig ist ... daß ich Deine Gedanken besser verstehen zu können glaube, wenn ich mich auf Deinen Schoß setze ... dann besteht überhaupt kein Grund zu verächtlichen Bemerkungen über mich ...«

Ablehnung nahm Proust zum Anlaß, seine Begierde durch gezielte Verweise auf die Geschichte der abendländischen Philosophie zu rechtfertigen. »Ich schmeichle mir, überaus intelligente und moralisch hochstehende Freunde zu haben, die sich schon einmal mit einem Freund vergnügt haben«, mußte Daniel sich von Proust belehren lassen. »Das war in jungen Jahren. Später wandten sie sich wieder den Frauen zu ... Denk doch nur an die beiden großen Weisen Sokrates und Montaigne, die sich im Leben nur mit dem Besten zufriedengaben. Sie gestatten es den noch sehr jungen Leuten, sich zu ›vergnügen‹, damit sie alle Genüsse ein wenig kennenlernen und dem Übermaß ihrer Zärtlichkeit ein Ventil verschaffen können. Sie waren der Auffassung, daß diese zugleich sinnlichen und intellektuellen Freundschaften, wenn man jung ist, für Schönheit und ›Sinnlichkeit‹ aber gleichwohl sehr empfänglich, zuträglicher seien als irgendwelche Liebschaften mit dummen und verdorbenen Frauen.« Dennoch stellte der bornierte Knabe weiter den Dummen und Verdorbenen nach.

– Romantischer Pessimismus

»Die Liebe ist eine unheilbare Krankheit.« »In der Liebe leidet man in einem fort.« »Wer liebt, kann nicht auch glücklich sein.«

Selbst der erbittertste Gegner Sainte-Beuves würde wohl kaum bezweifeln, daß persönliches Leid hinter diesen Aussagen des Autors steckte. Prousts romantischer Pessimismus gründete zumindest teilweise auf seinem tiefempfundenen Bedürfnis nach Liebe, verbunden mit einer tragikomischen Tolpatschigkeit bei dem Versuch, sie zu gewinnen. »Mein einziger Trost in Zeiten tiefster Trauer ist es, zu lieben und geliebt zu werden«, erklärte er und definierte seinen Hauptcharakterzug als »das Bedürfnis, geliebt zu werden, genauer gesagt, das Bedürfnis, liebkost und verwöhnt statt bewundert zu werden«. Doch ebenso wie seine jugendlichen Schwärmereien für Schulfreunde blieb seine Liebe auch in späteren Jahren unerfüllt. Zwar tändelte er immer wieder mit jungen Männern, aber seine Zuneigung wurde nicht erwidert. 1911, während eines Aufenthalts in Cabourg, klagte Proust dem jungen Albert Nahmias sein Leid: »Wenn ich doch nur Geschlecht und Alter wechseln und das Aussehen einer schönen jungen Frau annehmen könnte, um Sie von ganzem Herzen zu umarmen.« Eine Zeitlang hatte er eine einigermaßen glückliche Beziehung zu Alfred Agostinelli, einem Droschkenführer, der mit seiner Frau in Prousts Wohnung zog, doch nachdem Alfred bei einem Flugzeugabsturz in der Nähe von Antibes ein frühes Ende fand, gab es in Prousts Leben keine tiefer gehenden gefühlsmäßigen Verbindungen mehr, nur immer neue Erklärungen zur Untrennbarkeit von Leid und Liebe.

– *Eine gescheiterte Theaterkarriere*

Trotz der Fallstricke psychobiographischer Spekulation gab es offenbar unterschwellige emotionale Probleme hinsichtlich der Verschmelzung von amourösen und sexuellen Empfindungen, was sich an der Idee zu einem Bühnenstück, die Proust 1906 in einem Brief an Reynaldo Hahn skizzierte, recht gut ablesen läßt. Die Geschichte geht folgendermaßen:

> Ein Ehepaar liebt sich leidenschaftlich, unendliche, heilige, reine (mit anderen Worten, keusche) Zuneigung des Ehemannes zu seiner Frau. Aber dieser Mann ist sadistisch veranlagt und unterhält, neben der Liebe zu seiner Frau, Beziehungen zu Dirnen, mit denen er Vergnügen daran findet, seine eigenen guten Regungen zu beschmutzen. Und weil der Sadismus nach immer mehr verlangt, zieht er schließlich auch seine Frau in den Schmutz, indem er diesen Dirnen von ihr erzählt, Schlechtes über sie sagt und zuläßt, daß diese sie beschimpfen, wobei er schließlich mittut (fünf Minuten später packt ihn der Ekel). Während er eines Tages so redet, betritt seine Frau unbemerkt das Zimmer, sie glaubt ihren Ohren nicht zu trauen und auch nicht ihren Augen, und sinkt um. Dann verläßt sie ihren Mann. Er fleht sie an – umsonst. Die Dirnen wollen wiederkommen, aber der Sadismus wäre jetzt zu schmerzlich, und nach einem letzten Versuch, seine Frau, die ihm nicht einmal antwortet, zurückzugewinnen, bringt er sich um.

Leider zeigte kein Pariser Theater Interesse.

– *Das Unverständnis der Freunde*

Damit haben fast alle Genies zu kämpfen. Als *In Swanns Welt* erschien, schickte Proust allen seinen Freunden ein Exemplar des Buches, doch hatten die meisten von ihnen offensichtlich Mühe, den Umschlag zu öffnen.

»Na, mein lieber Louis, hast du mein Buch gelesen?« schilderte Proust ein Telefongespräch mit dem aristokratischen Playboy Louis d'Albuféra.

»Dein Buch gelesen? Du hast ein Buch geschrieben?« erwiderte sein Freund erstaunt.

»Aber ja doch, Louis, ich habe es dir sogar geschickt.«

»Ach so, mein lieber Marcel, wenn du es mir geschickt hast, habe ich es bestimmt gelesen. Nur war ich mir nicht sicher, ob ich es auch erhalten habe.«

Madame Gaston de Caillavet zeigte sich da weitaus empfänglicher. Sie dankte dem hochverehrten Autor auf das herzlichste für sein Geschenk. »Ich lese im *Swann* immer wieder die Passage über die Erstkommunion«, schrieb sie, »weil ich dabei dieselbe Angst, dieselbe Ernüchterung verspürt habe.« Ein feiner Zug von Madame Gaston de Caillavet – noch netter freilich wäre es gewesen, wenn sie das ihr überreichte Buch auch tatsächlich gelesen hätte, dann nämlich hätte sie bemerkt, daß eine derartige religiöse Zeremonie darin gar nicht vorkam.

Proust folgerte: »Wenn die Leute über ein Buch sprechen, das nur wenige Monate zuvor erschienen ist, beweisen mir ihre Irrtümer immer wieder, daß sie es entweder bereits vergessen oder aber gar nicht erst gelesen haben.«

– *Selbsteinschätzung mit dreißig Jahren*

»… ohne Vergnügungen, Ziele, Tätigkeiten, ohne jeden Ehrgeiz, mein abgelebtes Dasein betrauernd und betrübt über den Kummer, den ich meinen Eltern bereite, empfinde ich nur sehr wenig Freude.«

Hier eine Liste von Prousts körperlichen Gebrechen:

– *Asthma*
Erste Anfälle mit zehn, weiter bis an sein Lebensende. Sie sind außerordentlich heftig und dauern über eine Stunde, bis zu zehnmal täglich. Da sie meistens tagsüber auftreten, wird Proust zum Nachtmenschen; er geht um sieben Uhr morgens zu Bett und steht zwischen vier und fünf Uhr nachmittags auf. Es ist ihm nahezu unmöglich, das Haus zu verlassen, vor allem im Sommer, und wenn, dann nur im Schutze einer verdunkelten Droschke. Die Fenster und Vorhänge in seiner Wohnung sind Tag und Nacht geschlossen, er sieht weder die Sonne, noch atmet er frische Luft oder treibt Sport.

– *Ernährung*
Er ist kaum imstande, mehr als eine, noch dazu schwer verdauliche Mahlzeit am Tag zu sich zu nehmen, die mindestens acht Stunden vor dem Zubettgehen serviert werden muß. Auf die Frage eines Arztes nach seinen Essensgewohnheiten beschreibt Proust eine typische Mahlzeit: zwei OEufs à la crème, ein gebratener Hähnchenflügel, drei Croissants, ein Teller Pommes frites, Trauben, Kaffee und eine Flasche Bier.

– *Verdauung*
»Ich gehe häufig – aber nur selten mit Erfolg – auf die Toilette«, erklärt er demselben Arzt. Was nicht weiter verwundert, denn er leidet quasi permanent unter Verstopfung, wogegen ihm nur die vierzehntägliche Einnahme eines

starken Abführmittels Erleichterung verschafft, was für gewöhnlich Magenkrämpfe nach sich zieht. Mit dem Wasserlassen verhält es sich nicht anders; wenn er überhaupt pinkeln kann, verspürt er dabei ein heftiges Brennen, und sein Urin enthält zuviel Harnstoff und Harnsäure: »Unseren Körper um Erbarmen anflehen heißt unsere Worte an einen Kraken vergeuden, für den sie nicht mehr Bedeutung haben können als das Rauschen des Wassers.«

– *Unterhosen*
Er schlingt sie sich eng um den Bauch, weil er sonst nicht schlafen kann. Sie werden von einer besonderen Nadel zusammengehalten, deren Verschwinden, als er sie eines Morgens im Badezimmer verliert, Proust den ganzen Tag lang auf den Beinen hält.

– *Empfindliche Haut*
Er verträgt weder Seife noch Creme oder Parfüm. Er wäscht sich mit feingewebten, feuchten Handtüchern und tupft sich mit frischem Leinen trocken (ein normaler Waschvorgang erfordert etwa zwanzig Handtücher, die auf Prousts ausdrückliche Anweisung in die einzige Pariser Wäscherei gebracht werden, die hautfreundliches Waschpulver benutzt, die Blanchisserie Lavigne, wo auch Jean Cocteau waschen läßt). Er gelangt zu dem Schluß, daß ältere Kleider für ihn besser seien als neue und hängt sehr an alten Schuhen und Taschentüchern.

– *Mäuse*
Jagen Proust panische Angst ein; als Paris 1918 von den Deutschen bombardiert wird, gesteht er, daß er vor Mäusen größere Angst habe als vor Kanonen.

– *Kälte*

Er friert ständig. Selbst im Hochsommer geht er nur in Mantel und vier Pullovern aus dem Haus. Wenn er eine Soirée besucht, behält er seinen Pelzmantel an. Trotzdem sind seine Hände eiskalt, wie seine Gastgeber erstaunt feststellen. Aus Angst vor einer Rauchvergiftung läßt er sein Zimmer nur notdürftig beheizen und hält sich mittels Wärmflaschen und Wollpullovern warm. Deshalb ist er oft erkältet, und ihm läuft ständig die Nase. Am Ende eines Briefes an Reynaldo Hahn klagt er, daß er sich beim Schreiben achtunddreißigmal die Nase habe putzen müssen. Der Brief ist drei Seiten lang.

– *Höhenangst*

Als er nach einem Besuch bei seinem Onkel in Versailles nach Paris zurückkehrt, wird Proust von Unwohlsein befallen und ist nicht mehr in der Lage, die Treppe zu seiner Wohnung hinaufzusteigen. In einem Brief an seinen Onkel führt er dies später auf den Höhenunterschied zurück, der ihm sehr zu schaffen gemacht habe. Versailles liegt dreiundachtzig Meter höher als Paris.

– *Husten*

Sehr laut. Von einem Anfall im Jahre 1917 berichtet er: »Meine Nachbarn glauben, wenn sie ein dauerndes Gebrumm und krampfartiges Bellen hören, ich hätte mir eine Kirchenorgel oder einen Hund gekauft, oder ich hätte als Folge unzüchtiger (und vollkommen imaginärer) Beziehungen zu einer Dame ein Kind, das jetzt Keuchhusten hat.«

– *Reisen*

Da er gegen jede Störung seines gewohnten Tagesablaufs sehr empfindlich ist, leidet Proust unter Heimweh und hat Angst, eine Reise werde ihn das Leben kosten. Eigenen Angaben zufolge befindet er sich in den ersten Tagen an einem fremden Ort ebenso unwohl wie manche Tiere, wenn die Nacht anbricht (welche Tiere er im Sinn hat, verrät er leider nicht). Er äußert den Wunsch, auf einer Yacht zu wohnen, damit er sich frei bewegen könne, ohne das Bett verlassen zu müssen. Er unterbreitet der glücklich verheirateten Mme Straus folgenden Vorschlag: »Sollen wir uns nicht ein Schiff mieten, auf dem alles lautlos vonstatten geht und von dem aus wir all die schönen am Meer gelegenen Städte dieser Welt sehen können, ohne unser Bett (unsere Betten) verlassen zu müssen?« Sie geht nicht weiter darauf ein.

– *Betten*

In seines ist er ganz vernarrt, er verbringt die meiste Zeit darin und macht es zu Schreibtisch und Arbeitszimmer in einem. Dient ihm das Bett als Schutz gegen die Grausamkeit der Welt? »Wenn man Kummer hat, tut es so wohl, in die Wärme seines Bettes zu sinken, ja selbst den Kopf unter die Decke zu stecken, um sich dort bar jeder Anstrengung und jeden Widerstands ganz dem Klagen hinzugeben, ächzend wie Zweige im Herbstwind.«

– *Laute Nachbarn*

Seine Geräuschempfindlichkeit grenzt an Manie. Das Leben in einem Pariser Wohnblock ist die Hölle, besonders wenn über ihm jemand ein Instrument übt: »[Es] gibt … etwas, das einen so sehr zur Verzweiflung treiben kann, wie ein Mensch es niemals könnte: ein Klavier.«

Er platzt geradezu vor Wut, als im Frühling 1907 eine Nachbarwohnung renoviert wird. Er schildert Mme Straus dieses Problem: Die Handwerker kommen um sieben Uhr morgens und »lassen es sich nicht nehmen, ihre gute Morgenlaune durch lautes Hämmern und Sägen hinter meinem Bett unter Beweis zu stellen, gönnen sich dann eine Pause, lassen aber etwa alle halbe Stunde weitere schreckliche Hammerschläge ertönen, so daß ich nicht wieder einschlafen kann … Ich halte es nicht mehr aus, mein Arzt hat mir zu einer Reise geraten, mein Zustand sei zu ernst, als daß ich mich diesen Strapazen weiterhin aussetzen dürfe.« Mehr noch, »(pardon, Madame!) man installiert auf ihrem Abort ein Becken und einen Sitz, und zwar genau an meiner Schlafzimmerwand«. Und um allem die Krone aufzusetzen: »Dann gibt es da noch einen Herrn, der sich in der vierten Etage ebendieses Nebenhauses einrichten wird, aus dem man alles hört, als spielte es sich in *meinem Zimmer* ab.« Daraufhin schimpft er seine Nachbarin eine Kuh, und als die Handwerker ihre Klosettbrille zum dritten Mal vergrößern, sieht er den Grund dafür in ihrem ungeheuren Hinterteil. Aus dem gewaltigen Krach schließt er auf das pharaonische Ausmaß der Renovierungsarbeiten und schreibt der begeisterten Ägyptologin Mme Straus: »Diese zwölf Handwerker, die seit Monaten tagtäglich wie besessen hämmern, müssen etwas ähnlich Beeindruckendes wie die Cheops-Pyramide errichtet haben, das die Passanten zwischen dem Kaufhaus Printemps und der Kirche Saint-Augustin jetzt eigentlich erstaunt bewundern können müßten.« Doch von einer Pyramide keine Spur.

– *Andere Gebrechen*
»Man sagt, chronisch Kranke seien gegen andere Krankheiten gefeit«, schreibt Proust seinem Freund Lucien Daudet. »Das Gegenteil ist der Fall.« In diese Kategorie gehören für Proust Fieber, Erkältung, Sehschwäche, Schluckbeschwerden, Zahnweh, Ellbogenschmerzen und Schwindelgefühle.

– *Generelles Mißtrauen*
Proust muß häufig beleidigende Andeutungen über sich ergehen lassen, daß er gar nicht so krank sei, wie er vorgibt. Bei Ausbruch des Ersten Weltkrieges wird er zur Musterung vor einen ärztlichen Untersuchungsausschuß der Armee bestellt. Obgleich er seit fast elf Jahren bettlägerig ist, hat er panische Angst, daß man die Schwere seiner Krankheit nicht bemerken könnte und er an die Front einrücken muß. Prousts Börsenmakler Lionel Hauser zeigt sich über diese Aussicht hocherfreut und hänselt Proust damit, daß er die Hoffnung noch nicht aufgegeben habe, eines Tages ein Croix de Guerre an seiner Brust zu sehen. Doch sein Klient versteht keinen Spaß: »Du weißt genau, daß ich bei meinem Gesundheitszustand binnen 48 Stunden tot wäre.« Er wird nicht eingezogen.

Einige Jahre nach dem Krieg beschimpft ein Kritiker Proust als mondänen Dandy, der den ganzen Tag im Bett herumlümmelt, von Kronleuchtern und hohen Decken träumt und erst um sechs Uhr abends das Haus verläßt, um mit neureichen Gecken, die seine Bücher niemals lesen würden, in Nobelherbergen zu zechen. Proust erwidert wutentbrannt, er sei Invalide und körperlich gar nicht in der Lage, das Bett zu verlassen, weder um sechs Uhr abends noch um sechs Uhr früh, so krank, daß er nicht einmal in seinem Zimmer umhergehen (oder, setzt er hinzu, auch nur das Fenster öffnen) könne, geschweige denn in Nobelherbergen zechen. Wenige Monate später schwankt er dennoch in die Oper.

– *Tod*

Immer wenn er über seine Malaisen spricht, wird Proust nicht müde zu versichern, daß er bald sterben werde; er verkündet diese Tatsache in seinen letzten sechzehn Lebensjahren in schöner Regelmäßigkeit und felsenfester Überzeugung. Er beschreibt seinen Normalzustand als »schwebend zwischen Koffein, Aspirin, Asthma und Angina pectoris – kurz: an sechs von sieben Tagen zwischen Leben und Tod«.

War er womöglich nur ein großer Hypochonder? Lionel Hauser bejahte diese Frage und beschloß, Proust so offen und unverblümt die Meinung zu sagen, wie es vor ihm noch niemand gewagt hatte. »Laß mich Dir sagen, daß Du, obwohl Du inzwischen auf die Fünfzig zugehst, immer noch bist, was Du schon warst, als ich Dich kennenlernte«, schrieb er, »ein verzogenes Kind. O ja, ich weiß wohl, Du wirst jetzt widersprechen und mir logisch, Punkt für Punkt, darlegen, Du seist nicht nur kein verzogenes, sondern, ganz im Gegenteil, ein fürchterlich gequältes, von allen unverstandenes Kind gewesen, aber das lag sicher weniger an den anderen als an Dir.« Falls er immer schon so krank gewesen sei, versetzte Hauser, so sei dies seine eigene Schuld, weil er unentwegt bei geschlossenen Vorhängen im Bett gelegen und sich den zwei Grundbedingungen der Gesundheit, Sonne und frischer Luft, verweigert habe. Da Europa im Chaos der Nachkriegszeit versinke, drängte Hauser seinen Klienten, seine körperlichen Gebrechen mit gebührendem Abstand zu betrachten: »Du wirst zugeben müssen, daß es um Deine Gesundheit, so zart sie auch sein mag, unendlich viel besser bestellt ist als um die Europas.«

Doch Proust ließ sich von diesem stichhaltigen Argument nicht überzeugen und starb ein knappes Jahr darauf.

Übertrieb Marcel? Ein und dasselbe Virus fesselt den einen wochenlang ans Bett, während es bei einem anderen lediglich zu einem leichten Schwindelanfall nach dem Essen führt. Statt die Qualen eines Menschen, der sich in den Finger geschnitten hat, als bloßes Theater abzutun, sollten wir uns vorstellen, daß ein dünnhäutiges Wesen diesen Kratzer vielleicht als ebenso schmerzhaft empfindet wie wir einen Machetenhieb – und daß es unzulässig ist, die Legitimität der Schmerzen eines anderen an dem Schmerz zu messen, den wir bei einer ähnlichen Blessur verspüren würden.

Proust war mit Sicherheit dünnhäutig; Léon Daudet nannte ihn einmal einen Mann, »der ohne Haut zur Welt gekommen ist«. Nach einer reichhaltigen Mahlzeit zu schlafen, fällt manchmal nicht leicht. Die Verdauungsvorgänge halten den Körper auf Trab, das Essen liegt schwer im Magen, und Sitzen erscheint uns bequemer als Liegen. Bei Proust hingegen genügte schon die kleinste Menge fester oder flüssiger Nahrung, um ihm den Schlaf zu rauben. Einem Arzt erklärte er einmal, er könne vor dem Zubettgehen ohne weiteres ein Viertelglas Vichywasser trinken, doch tränke er ein ganzes Glas, würde er mit unerträglichen Bauchschmerzen wach liegen. Als Leidensgenosse der berühmten Prinzessin auf der Erbse war der Schriftsteller mit der Fähigkeit eines Mystikers geschlagen, noch den kleinsten Tropfen Flüssigkeit zu spüren, der in seinen Gedärmen plätscherte.

Im Vergleich dazu sein zwei Jahre jüngerer Bruder Robert Proust: Chirurg wie sein Vater (Verfasser einer hochgelobten Studie über *Chirurgie der weiblichen Geschlechtsorgane*) und ein Bulle von Statur. Während Marcel schon von einem Luftzug dahingerafft zu werden drohte, war Robert nicht totzukriegen. Mit neunzehn fuhr er mit dem Tandem durch Reuil, ein kleines Dorf am Seineufer ein paar Kilometer nördlich von Paris. An einer verkehrsreichen Kreuzung fiel er von seinem Tandem und geriet unter die Räder eines herannahenden, fünf Tonnen schweren Kohlenlasters. Der Wagen überrollte ihn, er wurde ins Krankenhaus gebracht, seine Mutter eilte bestürzt an sein Lager, doch ihr Sohn erholte sich erstaunlich schnell und trug, entgegen den Befürchtungen der Ärzte, keine bleibenden Schäden davon. Bei Ausbruch des Ersten Weltkrieges wurde der inzwischen zu einem ausgewachsenen Chirurgen herangereifte Bulle in einem Feldlazarett in Etain bei Verdun stationiert, wo er in einem Zelt wohnen und unter unzumutbaren hygienischen Bedingungen arbeiten mußte. Eines Tages wurde das Lazarett von einer Granate getroffen, und Schrapnelle regneten rings um den Tisch zu Boden, auf dem Robert gerade einen deutschen Soldaten operierte. Obwohl selbst schwer verwundet, brachte Dr. Proust seinen Patienten eigenhändig in einen nahe gelegenen Schlafsaal und setzte die Operation auf einer Trage fort. Einige Jahre später hatte er einen schweren Autounfall, als sein Chauffeur am Steuer einschlief und das Fahrzeug mit einem Krankenwagen kollidierte. Robert wurde gegen eine hölzerne Trennwand geschleudert und erlitt einen

Schädelbruch, doch noch bevor seine Familie verständigt werden und sich seinetwegen Sorgen machen konnte, befand er sich schon wieder auf dem Wege der Genesung und stand mit beiden Beinen im Berufsleben.

Wer möchte man nun lieber sein, Robert oder Marcel? Was für den ersten spricht, ist schnell gesagt: immense körperliche Energie, Talent zum Tennisspieler und Kanuten, chirurgisches Geschick (Robert war berühmt für seine Prostatektomien, eine Operation, die bei französischen Medizinern seither nur noch Pr*oust*atektomie heißt), finanzieller Erfolg, zudem war er der Vater einer wunderschönen Tochter namens Suzy (die von Onkel Marcel abgöttisch geliebt und verwöhnt wurde: Einmal hätte er ihr beinahe einen Flamingo gekauft, als sie flüchtiges Interesse für diese Vögel bekundete). Und Marcel? Er besaß keinerlei körperliche Energie, konnte weder Tennis spielen noch Kanu fahren, verdiente keinen Pfennig, hatte keine Kinder, erfuhr erst spät im Leben Anerkennung, war zu diesem Zeitpunkt aber schon zu krank, um sich daran zu erfreuen (da er gern Analogien zu Krankheiten herstellte, verglich er sich mit einem Mann, der so hohes Fieber hat, daß ihm selbst das gelungenste Soufflé nicht schmeckt).

Im Gegensatz zu seinem dünnhäutigen Bruder hatte Robert ein dickes Fell. Robert reagierte kaum, wenn bei starkem Pollenflug das Fenster offenstand oder er unter fünf Tonnen Kohlen begraben wurde: Er wäre vom Mount Everest nach Jericho gereist, ohne den Höhenunterschied auch nur zu bemerken, oder hätte auf fünf Dosen Erbsen geschlafen, ohne je auf die Idee zu kommen, daß sich etwas Ungewöhnliches unter der Matratze verbergen könnte.

Auch wenn derlei sensorische Blindheit oftmals recht gelegen kommt, insbesondere wenn man im Ersten Weltkrieg unter Granatbeschuß eine Operation durchführen muß, sollten wir nicht vergessen, daß das Fühlen und Empfinden (wobei das Fühlen fast immer mit *Schmerz* verbunden ist) auch etwas mit der Aneignung von Wissen zu tun hat. Ein verstauchter Knöchel sagt uns etwas über die Gewichtsverteilung des Körpers, ein Schluckauf zwingt uns zur Auseinandersetzung mit bislang unbekannten Aspekten unserer Atmung, und von dem oder der Liebsten sitzengelassen zu werden, ist die perfekte Einführung in die Mechanismen emotionaler Abhängigkeit.

Proust zufolge lernen wir überhaupt nur dann etwas, wenn wir auf ein Problem stoßen, wenn wir Schmerz empfinden, wenn etwas nicht so läuft, wie wir es uns erhofft hatten:

> Es ist doch so, daß nur das Leiden an einer Sache es uns möglich macht, deren Mechanismen, welche man sonst gar nicht kennen würde, zu bemerken, zu begreifen und zu analysieren. Wird ein Mensch, der jeden Abend schwer in sein Bett sinkt und bis zum Augenblick des Erwachens und Aufstehens gleichsam nicht mehr lebt, jemals daran denken, wenn schon keine großen Entdeckungen, so doch wenigstens kleine Beobachtungen über den Schlaf anzustellen? Er weiß ja kaum, ob er schläft. Ein geringes Maß an Schlaflosigkeit ist nicht ohne Nutzen dafür, den Schlaf richtig schätzen zu lernen und außerdem sein Dunkel ein wenig aufzuhellen. Ein lückenloses Gedächtnis ist kein sehr mächtiger Anreger, um die Phänomene des Gedächtnisses zu studieren.

Obwohl wir natürlich nicht unbedingt Schmerz empfinden müssen, um unseren Verstand zu gebrauchen, geht Proust davon aus, daß wir nur in Notsituationen wirklich neugierig sind. Wir leiden, also denken wir, weil das Denken uns hilft, den Schmerz in einen Zusammenhang zu stellen, seinen Ursprung zu ergründen, seine Dimensionen auszuloten und uns mit seinem Vorhandensein anzufreunden.

Daraus folgt, daß es Ideen, die nicht unter Schmerzen geboren wurden, an einer entscheidenden Motivationsquelle gebricht. Für Proust gibt es offenbar nur zwei Kategorien geistiger Tätigkeit: Er unterscheidet zwischen *schmerzlosen Gedanken*, die von keinem bestimmten Unbehagen ausgelöst werden und denen nichts anderes zugrunde liegt als das objektive Interesse daran, was im Schlaf geschieht und warum der Mensch vergeßlich ist; und *schmerzhaften Gedanken*, die aus dem irritierenden Unvermögen, zu schlafen oder sich an einen Namen zu erinnern, resultieren. Es ist kein Zufall, daß Proust letzterer Kategorie den Vorzug gibt.

So sagt er uns beispielsweise, daß es zwei Methoden gibt, Wissen und Weisheit zu erlangen – die schmerzlose, über einen Lehrer, und die schmerzhafte, über das Leben – und unterstellt, daß die schmerzhafte Variante der anderen weit überlegen sei; eine Aussage, die er seinem fiktiven Maler Elstir in den Mund legt, der dem Erzähler die Vorzüge des Fehlermachens nahezubringen versucht:

> Kein Mensch ist so überlegen, daß er nicht in irgendeiner Phase seiner Jugend Dinge gesagt oder ein Le-

ben geführt hätte, an die er nur ungern erinnert wird und die er am liebsten rückgängig machen würde. Aber er soll nicht so sehr bedauern, daß es so und nicht anders war, weil nur sicher sein kann, daß er – soweit wie möglich – ein Weiser geworden ist, wer durch alle Inkarnationen der Lächerlichkeit oder Schändlichkeit hindurchgegangen ist, die vor jener letzten Inkarnation liegen. Ich weiß, daß manche jungen Leute … durch ihre Erzieher vom ersten Schultage an zum Adel des Geistes und zu moralischer Haltung angehalten werden. Sie haben vielleicht im Leben später nichts zu bereuen, sie könnten alles, was sie gesagt und getan, nachträglich unterschreiben, doch werden sie arm an Geist sein, kraftlose Ableger von Doktrinären, deren Weisheit negativ und unfruchtbar bleibt. Man kann die Wahrheit nicht fertig übernehmen, man muß sie selbst entdecken auf einem Weg, den keiner für uns gehen und niemand uns ersparen kann.

Warum nicht? Warum ist dieser schmerzhafte Weg für den, der echte Weisheit zu erlangen sucht, so unerläßlich? Elstir führt das nicht weiter aus, aber vielleicht genügt es ja, daß er eine Beziehung herstellt zwischen dem Ausmaß an Schmerzen, die ein Mensch erduldet, und der Tiefe der aus ihnen resultierenden Gedanken. Als sei der Geist ein zartbesaitetes Organ, das komplizierte Wahrheiten nur akzeptieren kann, wenn komplizierte Ereignisse es dazu zwingen. »Glück stärkt den Körper«, sagt Proust, »doch nur Kummer fördert die Kräfte des Geistes.« Dieser Kummer verlangt uns eine Form von geistiger Gymnastik ab, die wir in glücklicheren Zeiten tunlichst zu vermeiden suchen.

Wenn es in erster Linie darum geht, unsere geistigen Fähigkeiten zu erweitern, heißt das, daß es besser ist, unglücklich zu sein als zufrieden, daß es besser ist, sich qualvollen Liebschaften hinzugeben, als Plato oder Spinoza zu lesen.

> Eine Frau, von der wir nicht lassen können, die uns Leiden verursacht, zieht aus uns ganze Folgen weit tiefer und stärker an unser Lebensmark rührende Gefühle als ein Mann von überlegenem Geist, der uns interessiert.

Es ist also vielleicht ganz normal, daß wir keine Fragen stellen, wenn der Himmel voller Geigen hängt. Weshalb sollten wir uns für das komplizierte Innenleben eines Autos interessieren, solange der Wagen läuft wie eine Eins? Weshalb sollten wir uns Gedanken über die Dynamik des Verrats machen, wenn uns ein geliebter Mensch ewige Treue schwört? Was könnte uns bewegen, den Kränkungen des Alltags auf den Grund zu gehen, wenn man uns nur mit Respekt begegnet? Erst wenn Kummer uns bedrückt, erkennen wir die Proustsche Notwendigkeit, uns mit komplizierten Wahrheiten auseinanderzusetzen, während wir unter der Bettdecke ächzen wie Zweige im Herbstwind.

Vielleicht ist das die Erklärung für Prousts Mißtrauen gegenüber Ärzten. Ärzte befinden sich Prousts Wissenstheorie zufolge in einem schwierigen Dilemma, da sie vorgeben, das Innenleben des Körpers zu kennen, obwohl dieses Wissen nicht auf eigenem körperlichen Leid beruht. Sie haben lediglich jahrelang Medizin studiert.

Was den ewig kränkelnden Proust jedoch besonders wurmte, war die Arroganz dieser Haltung, die ihm angesichts der dürftigen medizinischen Kenntnisse seiner Zeit reichlich überzogen schien. Als Kind hatte man ihn zu einem gewissen Dr. Martin geschickt, der behauptete, er könne Prousts Asthma dauerhaft kurieren, indem er ihm in einer zweistündigen Sitzung das Nasenschwellgewebe kauterisierte. »Du kannst jetzt getrost aufs Land fahren«, versicherte Dr. Martin dem jungen Proust, nachdem er ihn dieser schmerzhaften Operation unterzogen hatte, »du *kannst* gar kein Fieber mehr bekommen.« Doch wie nicht anders zu erwarten, wurde Proust beim ersten Anblick einer blühenden Lilie von einem derart langen, heftigen Erstickungsanfall heimgesucht, daß seine Hände und Füße blau anliefen und man um sein Leben bangte.

Die Ärzte in Prousts Roman flößen nur wenig mehr Vertrauen ein. Als die Großmutter des Erzählers erkrankt, wendet sich ihre besorgte Familie an eine Koryphäe auf dem Gebiet der Medizin, den angesehenen und berühmten Docteur du Balbon. Obwohl die Großmutter fürchterliche Schmerzen leidet, glaubt du Balbon nach einer flüchtigen Untersuchung, die perfekte Lösung gefunden zu haben.

– Es wird Ihnen gutgehen, Madame, an dem nahen oder fernen Tag – es hängt nur von Ihnen ab, ob es schon heute sein wird –, an dem Sie begreifen, daß Ihnen nichts fehlt, und an dem Sie das Leben in der Gemeinschaft wieder aufnehmen werden. Sie haben mir gesagt, Sie essen nichts und gehen nicht aus?
– Aber, Herr Doktor, ich habe doch etwas Fieber. Er berührte ihre Hand.

– Im Augenblick jedenfalls nicht. Und was ist das schon für eine Entschuldigung! Wissen Sie nicht, daß wir Tuberkulöse, die bis 39° haben, im Freien lassen ...?

Da sie den Argumenten des großen Medizinmannes nichts entgegenzusetzen weiß, hievt sich die alte Dame aus dem Bett und schleppt sich unter Schmerzen und mit Hilfe ihres Enkels über die Champs-Élysées, um frische Luft zu schnappen. Natürlich kostet der Ausflug sie das Leben.

Sollte ein überzeugter Proustianer überhaupt zum Arzt gehen? Als Sohn bzw. Bruder eines Chirurgen gelangte Marcel zu einem zwiespältigen, aber erstaunlich großzügigen Urteil über den Ärztestand:

> An die Medizin zu glauben, ist eine große Dummheit, die nur von der noch größeren Dummheit übertroffen wird, nicht an sie zu glauben.

Prousts Logik zufolge sucht man sich also am besten einen Arzt, der selbst oft an schweren Krankheiten leidet.

Prousts geballtes Unglück sollte jedoch keinen Zweifel an der Stichhaltigkeit seiner Gedanken und Ideen aufkommen lassen, denn das Ausmaß seines Leidens ist die eigentliche Grundlage seiner scharfsichtigen Urteilskraft. Wenn wir erfahren, daß Prousts Liebhaber bei einem Flugzeugabsturz in der Nähe von Antibes ums Leben kam, daß Stendhal eine Reihe unerwiderter Leidenschaften durchlitt und daß Nietzsche ein sozialer Außenseiter war, der von seinen Mitschülern gehänselt wurde, dürfen wir davon ausgehen, auf echte intellektuelle Größen gestoßen zu sein. Die meisten gültigen Aussagen über den Sinn des Lebens stammen nämlich nicht von mehr oder weniger zufriedenen, kerngesunden Menschen, sondern sind im allgemeinen ausschließliches Vorrecht und einziger Segen der Verdammten und Ausgestoßenen dieser Welt.

Bevor wir uns jedoch kritiklos einem romantischen Leidenskult anschließen, sollten wir uns klarmachen, daß Leiden allein nicht genügt. Dummerweise ist es leichter, den Geliebten zu verlieren, als die *Suche nach der verlorenen Zeit* zu vollenden, unerwiderte Begierde zu erleben, als *De l'amour* zu verfassen, ein Außenseiter zu sein als der Autor der *Geburt der Tragödie*. Viele unglückliche Syphilitiker erschießen sich, statt ihre *Fleurs du mal* zu schreiben. Der größte Vorzug des Leidens besteht deshalb vermutlich darin, daß es Möglichkeiten zur intelligenten, phantasievollen Sinnsuche eröffnet – Möglichkeiten, die sonst leicht vernachlässigt oder übersehen werden können, was nicht selten auch geschieht.

Wie können wir uns vor diesem Fehler schützen? Wie können wir – selbst wenn wir nicht den Ehrgeiz haben, ein Meisterwerk zu schaffen – lernen, erfolgreicher zu leiden? Statt sich, wie es die Philosophie seit jeher tut, mit dem Streben nach Glück zu befassen, wäre es doch ratsamer, nach Wegen zu suchen, die es uns erlauben, auf angemessene und möglichst produktive Art und Weise unglücklich zu sein. Die beharrliche Wiederkehr des Elends legt nahe, daß der vernünftige Umgang mit diesem Elend mehr bringt als eine wie auch immer geartete utopische Glückssuche. Proust, ein Veteran in Leidensdingen, wußte:

> Die ganze Kunst des Lebens besteht darin, die Menschen auszunutzen, an denen wir leiden.

Worum geht es bei dieser Art von Lebenskunst? Ein Proustianer ist von Natur aus bestrebt, die Wirklichkeit besser zu begreifen. Jeder Schmerz kommt überraschend: Wir verstehen nicht, weshalb der oder die Liebste uns verlassen hat oder wir nicht auf einer Gästeliste stehen, warum wir nachts keinen Schlaf finden oder während der Pollenflugzeit nicht über eine Wiese gehen können. Wenn wir den Gründen für derlei Unannehmlichkeiten auf die Spur kommen, befreit uns das zwar nicht mit einem Paukenschlag von unserem Schmerz, aber es ist der erste Schritt auf dem Weg zur Besserung. Während die Erkenntnis uns einerseits vor Augen führt, daß wir nicht als einzige mit diesem Fluch geschlagen sind, läßt sie uns andererseits die Grenzen und die bittere Logik unseres Leidens erahnen:

> Ideen sind Ersatz für Leiden; in dem Augenblick, da diese sich in Ideen verwandeln, verlieren sie einen Teil ihrer schädlichen Wirkung auf unser Herz.

Häufig jedoch verwandelt sich unser Leiden nicht in Gedanken und Ideen; statt uns zu helfen, die Realität zu verstehen, bringt es uns auf einen unheilvollen Weg, wo wir nichts Neues lernen, sondern noch mehr Illusionen erliegen und noch weniger kluge Gedanken hegen, als wenn wir gar nicht erst gelitten hatten. In Prousts Roman gibt es zahlreiche Figuren, die man als *Leidensdilettanten* bezeichnen könnte, arme Seelen, die in der Liebe enttäuscht oder nicht zu einer Soirée geladen wurden, die von einem Gefühl intellektueller Unzulänglichkeit oder sozialer Minderwertigkeit geplagt werden, aus ihrem Schmerz jedoch nichts lernen, sondern statt dessen eine Reihe ruinöser Abwehrmechanismen entwickeln, die zu Arroganz und Selbsttäuschung, Grausamkeit und Härte, Bosheit und Zorn führen.

Vielleicht lassen sich einige dieser Leidensdilettanten aus dem Romankontext herauslösen, ohne ihnen unrecht zu tun, um zu untersuchen, was sie quält, um die Proustsche Unzulänglichkeit ihrer Abwehr zu ergründen und, in einem quasi-therapeutischen Sinne, bestimmte Lösungsansätze zu erwägen, die größeren Erfolg versprechen.

Patientin Nr. 1

Mme Verdurin: die bürgerliche Gastgeberin eines Salons, in dem über Kunst und Politik gesprochen wird und den sie ihren »kleinen Kreis« zu nennen pflegt. Die Kunst rührt sie so sehr, daß sie Kopfschmerzen bekommt, wenn sie schöne Musik hört, und einmal renkt sie sich vor lauter Lachen sogar den Unterkiefer aus.

Problem: Mme Verdurin hat sich dem gesellschaftlichen Aufstieg verschrieben, wird von den Kreisen, in denen sie so gern verkehren würde, jedoch geflissentlich ignoriert. Sie steht nicht auf den Gästelisten der besten aristokratischen Familien und wäre im Salon der Duchesse de Guermantes nicht willkommen. In ihrem Salon empfängt sie ausschließlich Angehörige ihrer eigenen Schicht, und der Präsident der Republik hat sie, im Gegensatz zu Charles Swann, den sie eigentlich nicht als gesellschaftlich höher stehend betrachtet, noch nie zum Déjeuner in den Élysée-Palast geladen.

Reaktion der Patientin: Mme Verdurin versucht krampfhaft, sich nicht anmerken zu lassen, wie sehr ihre Lage sie bedrückt. Sie beteuert immer wieder, daß alle, die sich weigern, sie einzuladen oder ihren Salon zu besuchen, »Langweiler« seien. Selbst Jules Grévy, der Präsident, ist in ihren Augen ein Langweiler.

Das Wort trifft im umgekehrten Sinne den Nagel auf den Kopf, da Mme Verdurin berühmte Persönlichkeiten in Wahrheit für das genaue Gegenteil von Langweilern hält. Obgleich diese Berühmtheiten sie über die Maßen faszinieren, sind sie für sie so unerreichbar, daß sie ihre Enttäuschung hinter einer wenig überzeugenden Maske der Gleichgültigkeit verbirgt.

Als Swann bei Mme Verdurin leichtsinnigerweise bekanntgibt, daß er mit Präsident Grévy diniere, ist der Neid der anderen Gäste förmlich zu spüren, und um größeres Unheil abzuwenden, läßt er rasch eine abfällige Bemerkung fallen:

> »Ich kann Ihnen nur sagen, daß diese Déjeuners nicht sehr amüsant sind; übrigens geht es dabei sehr einfach zu, man sitzt immer nur zu acht bei Tisch.«

Ein anderer hätte Swanns Worte vermutlich sofort als reine Höflichkeit erkannt, doch Mme Verdurin ist zu verblendet, um sich vorstellen zu können, daß es etwas Erstrebenswertes gibt, das ihr verschlossen bleibt.

»Ja, das kann ich mir denken, daß diese Mittagseinladungen langweilig sind, es ist wirklich rührend von Ihnen, daß Sie das auf sich nehmen ... Es heißt, (der Präsident) sei stocktaub, und er soll mit den Fingern essen.«

Lösungsvorschlag: Warum leidet Mme Verdurin so sehr? Weil wir immer mehr wollen als wir haben, und weil es immer mehr Leute gibt, die uns nicht einladen, als Leute, die uns einladen. Unser Wertempfinden wird sich daher radikal verzerren, wenn wir alles, was wir nicht haben, einzig und allein deshalb als öde und langweilig abtun, *weil* wir es nicht haben.

Es wäre sehr viel ehrlicher, uns einzugestehen, daß wir den Präsidenten kennenlernen möchten, und wenn dieser Wunsch nicht auf Gegenseitigkeit beruht, so ist dies noch lange kein Grund, unser Interesse an seiner Person herunterzuspielen. Mme Verdurin könnte lernen, weshalb einem bestimmte gesellschaftliche Kreise verschlossen bleiben, sie könnte lernen, über ihre Enttäuschung zu lachen, sie ehrlich zuzugeben, ja Swann gegenüber vielleicht sogar die neckische Bemerkung fallenlassen, er möge ihr eine signierte Speisckarte mitbringen, und sich dabei als so charmant erweisen, daß sie doch noch eine Einladung in den Élysée-Palast erhält.

Patientin Nr. 2

Françoise: Köchin der Familie des Erzählers, macht wunderbaren Spargel und leckeres Rindfleisch in Aspik. Zudem ist sie berühmt für ihre Starrköpfigkeit, ihren ruppigen Umgang mit dem Küchenpersonal und ihre Loyalität gegenüber ihrer Herrschaft.

Problem: Sie weiß nicht allzuviel. Françoise hat keine ordentliche Schulbildung genossen, kennt sich im aktuellen Weltgeschehen nicht aus und ist mit den Vorgängen in Politik und Hochadel nur vage vertraut.

Reaktion der Patientin: Françoise hat sich angewöhnt, so zu tun, als ob sie alles wüßte. Kurz, sie ist eine Neunmalkluge, und wenn ein Thema zur Sprache kommt, von dem sie keine Ahnung hat, steht ihr die Angst der Neunmalklugen ins Gesicht geschrieben; dennoch gelingt es ihr immer wieder, diese Angst zu unterdrücken und die Fassung zu bewahren:

> Françoise ... zeigte sich nicht gern über etwas erstaunt. Hätte man in ihrer Gegenwart behauptet, Erzherzog Rudolf, von dessen Existenz sie bis dahin nicht die geringste Ahnung gehabt hatte, sei nicht tot, wie als erwiesen galt, sondern lebe noch, so hätte sie nur »jaja« gesagt, ganz als wisse sie das ... längst.

In der psychoanalytischen Literatur finden wir die Geschichte einer Frau, die sich in einer Bibliothek nicht wohl fühlt. Inmitten all der Bücher wird ihr übel, und erst wenn sie die Bibliothek verläßt, geht es ihr wieder besser. Das liegt jedoch nicht, wie man vermuten könnte, an ihrer Abneigung gegen Bücher, vielmehr sehnt sie sich nach den Bänden und dem darin enthaltenen Wissen, will sie alle zugleich gelesen haben, um ihren schmerzlichen Bildungsmangel zu beheben – und weil sie dies nicht kann, flüchtet sie vor ihrer unerträglichen Unwissenheit in eine weniger bildungsbeladene Umgebung.

Um Wissen zu erlangen, müssen wir uns vielleicht erst einmal mit dem Ausmaß unserer eigenen Unwissenheit abfinden, ein Prozeß, der die Erkenntnis voraussetzt, daß diese Unwissenheit nicht von Dauer sein muß und keinesfalls als persönlicher Makel, als Spiegelbild unserer geistigen Fähigkeiten, betrachtet werden darf.

Der Neunmalkluge aber hat den Glauben daran verloren, mit legitimen Mitteln Wissen erlangen zu können, was bei einer Frau wie Françoise nicht sonderlich erstaunt, die ihr Leben damit zubringt, Spargel und Rindfleisch in Aspik zu kochen, für eine erschreckend gebildete Herrschaft, die es sich leisten kann, den ganzen Vormittag auf die Zeitungslektüre zu verwenden und bei ihren Wanderungen durch das Haus Racine und Mme de Sévigné zitiert – deren Erzählungen zu kennen Françoise in einer schwachen Minute vermutlich auch schon einmal vorgegeben hat.

Lösungsvorschlag: Obwohl es sich bei Françoise' Schläue um ein verzerrtes Abbild echter Wißbegierde handelt, wird Erzherzog Rudolfs Zustand ihr ein Rätsel bleiben, bis sie den schmerzlichen Gesichtsverlust hinnimmt und sich danach erkundigt, wer zum Teufel dieser Herr denn sei.

Patient Nr. 3

Alfred Bloch: ein Schulfreund des Erzählers; Intellektueller, Bourgeois, Jude; sein Äußeres wird mit Bellinis Porträt von Sultan Mahomet II. verglichen.

Problem: Er neigt dazu, immer wieder ins Fettnäpfchen zu treten und sich bei wichtigen Anlässen zu blamieren.

Reaktion des Patienten: Bloch demonstriert Selbstbewußtsein, wo geringere Sterbliche sich kleinlaut entschuldigen würden, und scheint weder Scham noch Verlegenheit zu kennen.

Die Familie des Erzählers lädt ihn zum Mittagessen ein. Er kommt anderthalb Stunden zu spät und ist wegen eines überraschenden Wolkenbruchs von Kopf bis Fuß mit Schlamm bespritzt. Statt sich jedoch für die Verspätung und seinen unordentlichen Aufzug zu entschuldigen, ergeht Bloch sich in einer Tirade über seine Verachtung für überflüssige Konventionen wie pünktliches und sauberes Erscheinen:

> »Ich lasse mich niemals durch atmosphärische Störungen oder durch die konventionelle Zeiteinteilung beeinflussen. Ich wäre gern bereit, den Gebrauch der Opiumpfeife und des malaiischen Kris wieder einzuführen, aber diese unendlich verderblicheren und zudem nur dem ideenlosen Bürgertum dienenden Instrumente wie Taschenuhr und Regenschirm lehne ich ab.«

Bloch möchte sich keineswegs unbeliebt machen. Er kann nur nicht damit umgehen, daß es ihm trotz aller Anstrengungen nicht gelungen ist, sich beliebt zu machen. Es fällt ihm leichter, zum Angriff überzugehen und die Situation an sich zu reißen. Wenn er schon nicht pünktlich und trockenen Fußes zum Mittagessen erscheinen kann, weshalb dann nicht die Unwägbarkeiten von Zeit und Meteorologie zu seinem Vorteil wenden und verkünden, daß er die erlittenen Widrigkeiten selbst veranlaßt habe?

Lösungsvorschlag: eine Uhr, ein Regenschirm, pardon.

Patientin Nr. 4

Sie taucht nur am Rande auf. Wir erfahren weder etwas über ihre Augenfarbe noch über ihre Kleidung, nicht einmal ihren vollständigen Namen. Wir kennen sie nur als die Mutter von Albertines Freundin Andrée.

Problem: Wie Mme Verdurin bemüht sich auch Andrées Mutter nach Kräften um gesellschaftlichen Aufstieg. Sie möchte von den richtigen Leuten zum Essen eingeladen werden, hat jedoch kein Glück. Als ihre halbwüchsige Tochter Albertine mitbringt, erwähnt das Mädchen in aller Unschuld, daß sie die Ferien schon des öfteren im Hause eines der Direktoren der Bank von Frankreich verbracht habe. Eine umwerfende Neuigkeit für Andrées Mutter, die bislang nicht die Ehre hatte, eine Einladung in das Schloß der Familie zu erhalten, obwohl sie sich insgeheim danach verzehrt.

Reaktion der Patientin:

> Jeden Abend … beim Essen war sie trotz ihrer gleichgültigen und nichtachtenden Miene entzückt, wenn Albertine erzählte, was sich im Schloß während ihres Aufenthaltes dort zugetragen und welche Leute als Gäste dort gewesen seien, Leute, die Andrées Mutter

fast alle vom Sehen oder dem Namen nach kannte. Der Gedanke aber, daß sie sie immer nur in dieser Weise, das heißt in Wirklichkeit gar nicht kennen werde … stimmte (Andrées Mutter) ein klein wenig melancholisch, während sie Albertine mit hochmütig zerstreuter Miene und fast ohne den Mund zu öffnen, Fragen über sie stellte, und hätte sie über ihre eigene Situation unsicher und besorgt machen können, wäre sie nicht mit den an den Diener gerichteten Worten: »Sagen Sie dem Koch, die Erbsen sind nicht zart genug«, wieder »auf den Boden der Tatsachen« zurückgekehrt, wo ihre seelische Harmonie rasch wiederhergestellt wurde. Ihr heiterer Gleichmut kehrte zurück.

Der für Gleichmut und Erbsen verantwortliche Koch ist eine noch unbedeutendere Romanfigur als seine Chefin. Wie sollen wir ihn nennen, Gérard oder Joël? Stammt er aus der Bretagne oder aus dem Languedoc? Wo hat er seinen Beruf erlernt, in der Tour d'Argent oder im Café Voltaire? Die entscheidende Frage aber lautet: Was kann der arme Mann dafür, daß ein Direktor der Bank von Frankreich seine Chefin nicht dazu eingeladen hat, die Ferien mit seiner Familie zu verbringen? Warum muß eine Schüssel seiner unschuldigen Erbsen für das Ausbleiben einer Einladung auf das Schloß des Direktors büßen?

Die Duchesse de Guermantes gewinnt ihren Gleichmut auf ähnlich ungerechte, heimtückische Weise. Ihr Mann geht fremd, ihre Ehe ist zerrüttet, und ihr Diener Poullein ist bis über beide Ohren in eine junge Frau verliebt. Da diese Frau bei einer anderen Familie als Dienstmädchen arbeitet und ihre freien Tage nur selten mit denen Poulleins zusammenfallen, sehen sich die beiden kaum. Kurz vor einem dieser langersehnten Treffen hat die Duchesse einen gewissen M. de Grouchy zum Déjeuner zu Gast. Während des Essens macht de Grouchy, ein passionierter Jäger, der Duchesse das Angebot, ihr ein Dutzend Fasane bringen zu lassen, die er auf seinem Landsitz geschossen hat. Die Duchesse dankt ihm für das großzügige Geschenk, besteht jedoch darauf, die Fasane von ihrem Diener Poullein abholen zu lassen, um M. de Grouchy und seinem Personal keine weiteren Ungelegenheiten zu bereiten. Die anderen Gäste sind von der Rücksichtnahme der Duchesse zutiefst beeindruckt. Sie können schließlich nicht wissen, daß sie nur aus einem Grund so »großherzig« gehandelt hat: um Poullein daran zu hindern, sich mit seiner Freundin zu treffen, weil sie ihm das Liebesglück nicht gönnt, das ihr in ihrer eigenen Beziehung verwehrt geblieben ist.

Lösungsvorschlag: den Boten, den Koch, den Diener, die Erbsen verschonen.

Patient Nr. 5

Charles Swann: gerngesehener Gast des Präsidenten, enger Freund des Prince of Wales und regelmäßiger Besucher der meisten eleganten Salons. Er ist gutaussehend, wohlhabend, geistreich, ein wenig naiv und sehr verliebt.

Problem: Ein anonymer Briefschreiber teilt Swann mit, daß seine Freundin Odette früher die Mätresse zahlreicher Männer gewesen sei und des öfteren Bordelle frequentiert habe. Swann fragt sich verstört, von wem diese schmerzlichen Enthüllungen wohl stammem mögen, und stellt überdies fest, daß der Brief Details enthält, von denen nur seine intimsten Freunde Kenntnis haben können.

Reaktion des Patienten: Auf der Suche nach dem Schuldigen verdächtigt Swann reihum alle seine Freunde – M. de Charlus, M. des Laumes, M. d'Orsan –, kann sich jedoch beim besten Willen nicht vorstellen, daß der Brief von einem dieser Herren stammt. Nach reiflicher Überlegung gelangt Swann zu dem Schluß, daß eigentlich jeder von ihnen den Brief geschrieben haben könnte. Wem soll er glauben? Wie soll er seine Freunde beurteilen? Swann nimmt den gemeinen Brief zum Anlaß, tiefere Einsicht in die Natur des Menschen zu gewinnen:

> Kurz, dieser anonyme Brief bewies, daß es unter seinen Bekannten jemanden gab, der zu Gemeinheiten fähig war, aber er sah keinen besseren Grund, weshalb dieser Streich eher unter der von andern unerforschten trügerischen Patina des warmherzigen als des kalten Menschen, des Künstlers als des Bürgers, des großen Herrn als des Lakaien zu suchen sein sollte. Welches Kriterium gab es für die richtige Beurteilung eines Menschen? Im Grunde war in seinem Bekanntenkreis niemand, der einer Infamie nicht fähig sein könnte. Sollte er einfach mit allen in Bausch und Bogen brechen? Sein Geist verschleierte sich; er strich sich zwei- oder dreimal mit der Hand über die Stirn und putzte sein Monokel mit dem Taschentuch ... Daraufhin drückte er auch weiterhin allen Freunden, die er beargwöhnt hatte, die Hand, mit dem rein for-

malen Vorbehalt, daß sie möglicherweise versucht hatten, ihn zur Verzweiflung zu treiben.

Lösungsvorschlag: Swann hat wegen des Briefes fürchterlich gelitten, doch das Leiden hat ihm keine tiefere Einsicht beschert. Obwohl er ein Stück seiner Unschuld in Gefühlsdingen verloren hat und weiß, daß sich hinter dem oberflächlich liebenswerten Verhalten seiner Freunde womöglich ein böser Kern verbirgt, ist es ihm nicht gelungen, die Spuren, geschweige denn die Ursprünge dieser Bosheit zu identifizieren. Sein Geist hat sich verschleiert, er hat sich das Monokel geputzt, und dabei ist ihm eine der, laut Proust, fundamentalen Eigenschaften von Verrat und Eifersucht entgangen – nämlich daß sie in der Lage ist, die intellektuelle Motivation zu schaffen, welche es uns ermöglicht, die dunklen Seiten unserer Mitmenschen zu ergründen.

Obwohl wir bisweilen den Verdacht hegen, daß unsere Mitmenschen etwas vor uns verbergen, verspüren wir erst, wenn wir verliebt sind, den Drang, den Dingen auf den Grund zu gehen und riskieren dabei festzustellen, in welchem Ausmaß sie ihr wirkliches Leben vor uns verschleiern.

Unter anderem äußert sich die Macht der Eifersucht darin, daß sie uns entdeckt, in welchem Ausmaß für uns die Wirklichkeit der äußeren Tatsachen und die Regungen der Seele etwas Unbekanntes sind, das zu tausend Vermutungen Anlaß gibt. Wir glauben, die Dinge und das, was die Leute denken, ganz genau zu kennen, einfach aus dem Grunde, weil wir uns gar nicht darum bekümmern, aber wenn wir den Wunsch nach Wissen verspüren, wie ihn der Eifersüchtige hegt, wird das alles zu einem verschwimmenden Kaleidoskop, in dem wir nichts mehr erkennen.

Obwohl Swann vermutlich weiß, daß das Leben aus lauter Gegensätzen besteht, verläßt er sich darauf, daß die ihm bekannten Aspekte des Lebens seiner Freunde mit den ihm unbekannten identisch sind. Anhand dessen, was er sieht, begreift er, was ihm verborgen bleibt; deshalb kann er sich auch nicht vorstellen, daß Odette, die in seiner Gegenwart so anständig und ehrbar wirkt, früher Bordelle frequentiert hat. Ebensowenig versteht er seine Freunde; es erscheint ihm schlicht unfaßbar, daß jemand, mit dem er mittags ein gutgelauntes Tischgespräch geführt hat, ihm abends einen verletzenden Brief voller häßlicher Enthüllungen über die Vergangenheit seiner Geliebten schreibt.

Was lernen wir daraus? Auf das unerwartete und verletzende Verhalten unserer Mitmenschen anders zu reagieren als mit dem Putzen unseres Monokels, es als Chance zu betrachten, unser Verständnis zu vertiefen, selbst wenn wir, wie Proust uns warnt, »bei der Entdeckung des wahren Lebens der andern ... ebenso große Überraschungen [erleben] wie beim Besuch eines Hauses von ganz durchschnittlichem Aussehen, dessen Inneres mit Schätzen, Einbruchswerkzeugen oder Leichen angefüllt ist«.

Verglichen mit diesen armen Leidensdilettanten wirkt Prousts Umgang mit seinem Kummer höchst bewundernswert.

Obwohl sein Asthma jede Landpartie zu einem lebensbedrohlichen Wagnis machte, und obwohl er beim bloßen

Anblick einer blühenden Lilie blau anzulaufen drohte, widerstand er der Versuchung, es Mme Verdurin gleichzutun und gereizt zu behaupten, Blumen seien langweilig, oder herauszuposaunen, wie wunderbar es sei, in einem hermetisch verriegelten Zimmer zu leben.

Obwohl er unter erschreckenden Wissenslücken litt, war er sich nicht zu schade, sie zu schließen. »Von wem sind *Die Brüder Karamasow*?« erkundigte er sich (mit siebenundzwanzig Jahren) bei Lucien Daudet. »Ist Boswelles [sic] *Life of Johnson* [sic] übersetzt? Und welches ist das beste Buch von Dickens (ich habe nichts von ihm gelesen)?«

Auch gibt es keinerlei Anhaltspunkte dafür, daß Proust seine Wut am Personal ausließ. Da er in der Kunst, seinen Kummer in Gedanken und Ideen zu verwandeln, inzwischen überaus bewandert war, fiel es ihm, trotz seines mehr als armseligen Liebeslebens, nicht schwer, Odilon Albaret, dem Chauffeur, von dem er sich regelmäßig fahren ließ, und dessen Braut, die später Prousts Haushälterin werden sollte, an ihrem Ehrentag ein Glückwunschtelegramm zukommen zu lassen, in dem er sich in puncto Selbstmitleid ausnahmsweise sehr zurückhielt und sich auf einen äußerst moderaten Versuch beschränkte, Schuldgefühle bei den Adressaten hervorzurufen, der hier kursiv hervorgehoben ist:

> »Meinen Glückwunsch. Ich kann Euch leider nicht ausführlicher schreiben, *weil ich mich erkältet habe und völlig entkräftet bin*, dennoch wünsche ich Euch und Eurer Familie von ganzem Herzen alles Gute.«

Die Moral? Daß wir nur dann zufrieden sein können, wenn wir uns das Wissen zu eigen machen, das uns in verschlüsselter Form als Husten, Allergie, gesellschaftlicher Fauxpas und emotionaler Verrat begegnet, und nicht so undankbar sein dürfen, alles auf Erbsen, Langweiler, die Zeit und das Wetter zu schieben.

5

WIE MAN SEINEN GEFÜHLEN AUSDRUCK VERLEIHT

MAN KANN VIELES über einen Menschen lernen, wenn man weiß, was ihn am meisten ärgert. Proust, zum Beispiel, ärgerte sich maßlos über die Ausdrucksweise mancher Leute. Lucien Daudet berichtet von einem Freund Prousts, der es schick fand, englische Redensarten zu benutzen und deshalb »Goodbye« oder, salopper, »Bye, bye« sagte, wenn er aus dem Zimmer ging. »Proust stand regelrechte Qualen aus«, schreibt Daudet. »Er verzog das Gesicht zu jener angewiderten und schmerzerfüllten Grimasse, die das Schaben von Kreide auf einer Tafel hervorruft. ›Davon bekommt man ja Zahnweh!‹ klagte er laut.« Ähnlich indigniert zeigte sich Proust, wenn jemand das Mittelmeer als *la grande bleue*, England als *Albion* oder die französische Armee als *nos petits soldats* bezeichnete. Er litt unter Menschen, denen zu einem heftigen Regenguß nichts Besseres einfiel als *»Il pleut des cordes«*, zu Kälte lediglich *»Il fait un froid de canard«* und zur Taubheit eines anderen nur *»Il est sourd comme un panier«*.

Warum regte Proust sich über derlei Phrasen so sehr auf? Obwohl man damals etwas anders sprach als heute, handelte es sich doch zweifellos um Beispiele für eine mangelhafte Ausdrucksweise, auch wenn Prousts Schaudern eher psychologische denn grammatikalische Ursachen hatte (»Niemand beherrscht den Satzbau weniger als ich«, pflegte er zu prahlen). Sein Französisch mit englischen Brocken zu spicken, *Albion* statt England und *la grande bleue* statt Mittelmeer zu sagen, zeugte von dem um die Jahrhundertwende weitverbreiteten Ehrgeiz, geistreich und au courant zu erscheinen, wozu man sich im wesentlichen hohler, abgedroschener Standardphrasen bediente. Es gab keinen Grund, sich mit »Bye, bye« zu verabschieden, abgesehen von dem Bedürfnis, durch gezielten Rückgriff auf eine modische Vorliebe für alles Britische Eindruck zu schinden. Und auch wenn Phrasen wie *»Il pleut des cordes«* nicht annähernd so großspurig wirkten wie ein lässig hingeworfenes »Bye, bye«, so handelte es sich doch um abgenutzte Konstruktionen, deren Verwendung wenig Interesse an den spezifischen Aspekten einer Situation erkennen ließ. Wenn Proust angewidert das Gesicht verzog, dann zur Verteidigung eines ehrlicheren und genaueren Umgangs mit der Sprache.

Lucien Daudet schildert seine erste Erfahrung auf diesem Gebiet:

> Als wir eines Abends aus einer Aufführung von Beethovens Neunter kamen, summte ich vage ein paar Takte vor mich hin, die mir die Gefühle auszudrücken schienen, die ich soeben durchlebt hatte, und mit einem Überschwang, dessen Lächerlichkeit mir erst im nachhinein bewußt wurde, rief ich aus: »Welch eine herrliche Passage!« Proust lachte und erwiderte: »Durchaus, mein lieber Lucien, aber aus Ihrem *pam-pam-pam* läßt sich diese Herrlichkeit wohl kaum ersehen. Sie sollten sie lieber mit Worten zu erklären versuchen!« Zunächst war ich natürlich etwas verstimmt, aber er hat mir damals eine unvergeßliche Lektion erteilt.

Eine Lektion über die Suche nach dem treffenden Wort, eine Suche, die in aller Regel gründlich schiefgeht. Wir fühlen etwas, und um dieses Gefühl zu vermitteln, greifen wir nach der erstbesten Phrase, oder wir summen, doch das wird dem Anlaß unserer Empfindung nicht gerecht. Wir hören Beethovens Neunte und machen *pam-pam-pam*, wir sehen die Pyramiden von Gizeh und murmeln: »Wunderschön.« Diese Laute sollen eine Erfahrung wiedergeben, doch ihre Armseligkeit verhindert, daß entweder wir selbst oder aber unsere Gesprächspartner wirklich begreifen, was wir erlebt haben. Wir bleiben von unseren eigenen Eindrücken ausgeschlossen und betrachten sie wie durch eine Milchglasscheibe; wir sind auf oberflächliche Art und Weise mit ihnen verbunden und zugleich von dem entfremdet, was sich nicht spontan erfassen ließ.

Proust hatte einen Freund namens Gabriel de La Rochefoucauld, einen jungen Aristokraten, dessen Vorfahr im siebzehnten Jahrhundert ein berühmtes Büchlein verfaßt hatte und der häufig die mondänen Pariser Nachtclubs besuchte, so häufig, daß einige seiner sarkastischeren Zeitgenossen ihn »le La Rochefoucauld de chez Maxim's« zu nennen pflegten. Doch 1904 entsagte Gabriel dem Nachtleben und versuchte sich an der Literatur. Das Ergebnis war ein Roman mit dem Titel *L'Amant et le médecin*, dessen Manuskript er Proust sofort nach Fertigstellung übersandte, mit der Bitte um Ratschläge und Anmerkungen.

»Sie dürfen sich schmeicheln, einen großen, bedeutenden Roman geschrieben zu haben, ein glänzendes, tragisches Werk von komplexer und vollendeter Struktur«, antwortete Proust seinem Freund, welcher nach der Lektüre des überlangen Briefes, der dieser Eloge vorausgegangen war, vermutlich einen etwas anderen Eindruck gewonnen hatte.

Denn allem Anschein nach litt das glänzende, tragische Werk unter einigen Mängeln, nicht zuletzt weil es vor Klischees nur so strotzte. »In Ihrem Roman entwerfen Sie schöne und beeindruckende Landschaften. Zuweilen wünscht man sich jedoch, Sie hätten sie mit größerer Originalität gezeichnet. Natürlich steht der Himmel bei Sonnenuntergang in Flammen, aber das Bild ist reichlich abgenutzt, und der verstohlen scheinende Mond ist ebenfalls ein wenig bläßlich«, schrieb Proust mit größtmöglichem Takt.

Warum hatte Proust eigentlich etwas gegen allzuoft benutzte Phrasen? Scheint der Mond etwa nicht verstohlen? Sieht der Himmel bei Sonnenuntergang etwa nicht so aus, als stünde er in Flammen? Sind Klischees nicht schlicht und einfach gute Gedanken, die sich zu Recht großer Popularität erfreuen?

Das Dumme an Klischees ist nicht, daß sie falsche Gedanken enthielten, sondern daß sie gute Gedanken oberflächlich formulieren. Zwar steht der Himmel bei Sonnenuntergang mitunter in Flammen, und auch der Mond scheint bisweilen verstohlen, doch wenn wir das jedesmal aussprechen, wenn wir den Mond oder die Sonne sehen, sind wir am Ende davon überzeugt, daß dies das letzte und nicht das erste Wort zu diesem Thema sei. Klischees sind insofern schädlich, als sie uns zu der Annahme verleiten, daß sie einen Tatbestand hinreichend wiedergeben, während sie in Wahrheit lediglich an dessen Oberfläche kratzen. Das ist deshalb so wichtig, weil unsere Sprache untrennbar mit unseren Empfindungen verbunden ist, denn wie wir die Welt darstellen, reflektiert zwangsläufig, wie wir sie erfahren.

Der von Gabriel erwähnte Mond mag durchaus verstohlen gewesen sein, doch war er vermutlich noch viel mehr als das. Der erste Band von Prousts Roman erschien acht Jahre nach *L'Amant et le médecin*; ob Gabriel (wenn er nicht gerade im Maxim's saß und Dom Perignon bestellte) auffiel, daß auch Marcel einen Mond beschrieb, dabei jedoch zweitausend Jahre konfektionierten Mondgeschwafels beiseite gelassen und eine ungewöhnliche Metapher gefunden hatte, die das reale Erlebnis des Mondes weitaus besser einfing?

> Manchmal zog durch den Nachmittagshimmel schon der noch nebelweiße, heimliche, glanzlose Mond wie eine Schauspielerin, die erst später auftritt und vom Zuschauerraum aus in Straßenkleidung einen Augenblick ihren Kollegen zuschaut in dem Bestreben, selbst im Hintergrund zu bleiben und nicht beachtet zu werden.

Obwohl Prousts Metapher unbestreitbare Vorzüge besitzt, wäre sie uns wohl nicht ohne weiteres eingefallen. Zwar mag sie dem tatsächlichen Eindruck des Mondes näherkommen, doch wenn wir den Mond betrachten und etwas dazu sagen sollen, greifen wir vermutlich eher auf einen abgedroschenen als einen originellen Vergleich zurück. Und obwohl wir uns durchaus bewußt sind, daß unsere Beschreibung des Mondes unzureichend ist, kommt uns keine bessere in den Sinn. Ohne Proust etwas unterstellen zu wollen, dürfen wir annehmen, daß ihn dies wahrscheinlich nicht so sehr gestört hätte wie die Menschen, die schamlos Klischees verwenden, weil sie glauben, daß man in jedem Falle sprachlichen Konventionen (»goldene Kugel«, »Himmelskörper«) zu genügen habe, und denen es beim Sprechen nicht etwa darauf ankommt, kreativ zu sein, sondern jemand anderen zu imitieren.

Jemand anderen zu imitieren, hat durchaus seinen Reiz. Es gibt eine Vielzahl ererbter Sprachgewohnheiten, die uns wahlweise glaubwürdig, intelligent, weltklug, gebührend dankbar oder tief gerührt erscheinen lassen. Als sie ein bestimmtes Alter erreicht hat, beschließt auch Albertine, wie jemand anders sprechen zu wollen: wie eine bürgerliche junge Frau. Sie macht sich eine Reihe entsprechender Redensarten zu eigen, die sie bei ihrer Tante Mme Bontemps aufgeschnappt hat, mit derselben Unterwürfigkeit, so Proust, mit der ein junger Distelfink sklavisch seine Eltern imitiert, um sich das Verhalten des erwachsenen Tieres anzueignen. Sie gewöhnt sich an, jedes Wort ihres Gegenübers zu wiederholen, um interessiert zu wirken und den Eindruck zu erwecken, sie bilde sich eine eigene Meinung. Wenn man ihr sagt, daß das Bild eines Künstlers gut sei und er in einem schönen Haus wohne, erwidert sie: »Ja, sein Bild ist gut, nicht wahr?«, »Ja, sein Haus ist schön, nicht wahr?« Wenn sie einem merkwürdigen Menschen begegnet, sagt sie: »Was für ein komischer Kauz.« Wenn man ihr ein Kartenspiel vorschlägt, antwortet sie: »Habe ich etwa zuviel Geld?«, und wenn eine ihrer Freundinnen ihr einen Vorwurf macht, den sie für ungerechtfertigt hält, ruft sie: »Also, du bist wirklich unmöglich!«, das heißt Phrasen, die Proust als »Ausfluß einer bestimmten Tradition des gehobenen Bürgertums und damit ebenso alt wie das *Magnifikat*« bezeichnet, eine Tradition, aus der Sprachcodizes erwachsen sind, die ein anständiges Mädchen ebenso erlernen muß »wie das Festhalten am Abend- und Morgengebet und der Sitte, daß man Bekannte grüßt«.

Dieser Spott über Albertines Sprachgewohnheiten erklärt Prousts besonderen Groll gegen Louis Ganderax.

Louis Ganderax war ein prominenter Schriftsteller des frühen zwanzigsten Jahrhunderts und Redakteur der Literaturzeitschrift *La Revue de Paris*. 1906 erhielt er den Auftrag, die Briefe Georges Bizets herauszugeben und mit einem Vorwort zu versehen, eine große Ehre und eine noch größere Verantwortung. Der 1875 verstorbene Bizet war ein Komponist von weltweitem Rang und Ansehen, das er sich vor allem durch seine Oper *Carmen* und seine Symphonie in C-Dur errungen hatte. So verwundert es kaum, daß man von Ganderax eine würdige Einleitung zu den Briefen eines Genies erwartete.

Georges Bizet

Dummerweise hatte Ganderax etwas von einem Distelfinken, und in dem Bestreben, noch erhabener zu klingen, als er es für gewöhnlich tat, schrieb er ein immens lächerliches, prätentiöses Vorwort.

Als er eines Tages im Herbst 1908 im Bett lag und die Zeitung las, stieß Proust auf einen Auszug aus Ganderax' Elaborat, dessen Stil ihn so sehr in Rage versetzte, daß er seinen Gefühlen in einem Brief an Georges Bizets Witwe, seine gute Freundin Mme Straus, Luft machte.

Louis Ganderax

»Aber wenn der Herr denn wirklich so gut schreiben kann, warum schreibt er dann so, wie er schreibt? Warum muß er, wenn er vom Jahre ›1871‹ spricht, hinzufügen: ›dieses schlimmste Jahr von allen‹?« fragte sich Proust. »Warum wird Paris gleich als ›die große Stadt‹, Delaunay als ›der bedeutende Maler‹ bezeichnet? Warum muß die Rührung unbedingt ›geheim‹, das Gemüt ›sonnig‹ und die Trauer ›bitter‹ sein – abgesehen von tausend anderen schönen Phrasen, die mir entfallen sind?«

Diese Phrasen waren natürlich alles andere als schön, sie waren eine Karikatur der Schönheit, Phrasen, die dereinst, in den Händen klassischer Schriftsteller, eindrucksvoll gewirkt haben mochten, in den Fängen eines abgefeimten Plagiators, der sie zur Vorspiegelung literarischer Erhabenheit mißbrauchte, jedoch nichts als pompösen Zierat darstellten.

Hätte Ganderax sich über die Aufrichtigkeit seiner Aussagen Gedanken gemacht, wäre er vielleicht gar nicht erst in Versuchung geraten, die simple Feststellung, daß 1871 ein schreckliches Jahr gewesen sei, mit der melodramatischen Behauptung, es sei das »schlimmste Jahr von allen« gewesen, noch zu übertreffen. Zwar läßt sich schwerlich bestreiten, daß Paris Anfang 1871 von der preußischen Armee belagert war, daß die hungernde Bevölkerung sich gezwungen sah, die Elefanten aus dem Jardin des Plantes zu verspeisen, daß die Preußen über die Champs-Élysées marschierten und die Commune ihre Schreckensherrschaft errichtete, doch ließen sich diese Erfahrungen mit einer derart verblasenen, volltönenden Phrase tatsächlich wiedergeben?

Aber Ganderax hatte diese schönen Phrasen ohne Sinn nicht aus Versehen geschrieben. Sie waren die logische Folge seiner Ansichten darüber, wie man sich auszudrücken habe. Guter Stil bedeutete für Ganderax, den Vorgaben der angesehensten Autoren der Geschichte zu folgen, schlechter Stil hingegen erwuchs aus dem arroganten Irrglauben, die Errungenschaften großer Geister ignorieren und schreiben zu können, wie es einem beliebte. Bezeichnenderweise hatte Ganderax sich an anderer Stelle zum »Verteidiger der französischen Sprache« aufgeschwungen. Er war der Meinung, die Sprache müsse vor den Angriffen dekadenter Schreiberlinge in Schutz genommen werden, die sich beharrlich weigerten, die von der Tradition diktierten Ausdrucksregeln zu befolgen, und fühlte sich bemüßigt, jedes falsch gesetzte Partizip Perfekt oder unzutreffende Wort in einem gedruckten Text öffentlich zu geißeln.

Proust hätte dieser Auffassung von Tradition kaum ablehnender gegenüberstehen können und teilte dies Mme Straus auch mit:

> Jeder Schriftsteller muß sich seine eigene Sprache schaffen, wie jeder Geigenvirtuose sich seinen eigenen »Ton« schaffen muß ... Ich will damit nicht sagen, daß ich die originellen Schriftsteller liebe, die schlecht schreiben. Ich ziehe jene vor – und das ist vielleicht eine Schwäche –, die gut schreiben. Aber sie beginnen erst zu schreiben, wenn sie Originalität besitzen und sich ihre eigene Sprache schaffen. Die Untadeligkeit, die Vollkommenheit des Stils, die gibt es, doch jenseits der Originalität, nach der Durchdringung der Tatsachen, nicht diesseits. Die diesseitige Untadeligkeit – »geheime Rührung«, »sonniges Gemüt«, »dieses schlimmste Jahr von allen« –, das gibt es nicht. Die einzige Art, die Sprache zu verteidigen, ist, sie anzugreifen, ganz recht, Madame Straus!

Ganderax hatte übersehen, daß alle guten Schriftsteller in der Geschichte – einer Geschichte, die er mit Zähnen und Klauen zu verteidigen entschlossen war – bei der Suche nach dem angemessenen Ausdruck eine Reihe von althergebrachten Regeln verletzt hatten. Proust spöttelte, daß, wäre Ganderax ein Zeitgenosse Racines gewesen, der Verteidiger der Sprache vermutlich auch diese Inkarnation des französischen Klassikers als schlechten Stilisten bezeichnet haben würde, weil Racine vom Weg seiner Vorgänger abgewichen war. Er fragte sich, wie Ganderax folgende Verse aus Racines *Andromaque* wohl beurteilt hätte:

> Noch treulos liebt' ich dich, wenn treu, unendlich!
> Was willst du seinen Tod? Was tat er dir? Warum? Wer sagte dir's?

Gut und schön, aber verstießen diese Zeilen denn nicht gegen grundlegende Grammatikregeln? Proust malte sich aus, wie Ganderax Racine abgekanzelt hätte:

> Ich verstehe Ihren Gedanken; Sie wollen sagen, ich liebte Dich, den Treulosen, was erst wäre gewesen, wenn Du treu gewesen wärest. Es kann ebensogut bedeuten, daß Sie treu gewesen wären. Als Wächter zur Verteidigung und zum Lob der französischen Sprache eingesetzt, kann ich das nicht durchgehen lassen.

»Ich spotte nicht über Ihren Freund, Madame, das versichere ich Ihnen«, log Proust, der sich von der ersten Zeile seines Briefes an über Ganderax lustig gemacht hatte. »Ich weiß, wie klug und gebildet er ist. Es ist eine Frage der ›Doktrin‹. Dieser Mann zweifelt an allem und jedem, allein in der Grammatik ist er sicher. Aber ach, Madame Straus, es gibt leider nichts Sicheres, nicht einmal in der Grammatik ... denn nur das kann schön sein, was das Zeichen unserer Wahl, unserer Neigung, unserer Unsicherheit, unseres Verlangens und unserer Schwäche tragen kann.«

Und eine persönliche Handschrift ist nicht nur schöner, sondern auch um einiges authentischer. Der Versuch, Chateaubriand oder Victor Hugo zu imitieren, während man in Wahrheit Redakteur der *Revue de Paris* ist, zeugt von einem einzigartigen Desinteresse an den Besonderheiten von Louis Ganderax, ebenso wie der Versuch, eine bürgerliche junge Pariserin zu imitieren (»Habe ich etwa zuviel Geld?«, »Du bist wirklich unmöglich!«), während man in Wahrheit eine junge Landpomeranze namens Albertine ist, nichts anderes bedeutet, als sich klein zu machen, um seine Identität in eine enge gesellschaftliche Schublade zu zwängen. Wenn wir, wie Proust schreibt, verpflichtet sind, uns unsere eigene Sprache zu schaffen, dann, weil es Aspekte unserer Persönlichkeit gibt, die sich jenseits aller Klischees bewegen und uns zwingen, auf die Etikette zu pfeifen, um die individuelle Färbung unserer Gedanken präziser vermitteln zu können.

Die Notwendigkeit, der Sprache unseren Stempel aufzudrücken, tritt selten deutlicher zutage als in unserer Privatsphäre. Je besser wir einen Menschen kennen, desto unpassender erscheint uns sein normaler Name und desto größer wird unser Verlangen, ihm einen neuen zu geben, der unserer Wahrnehmung seiner Eigenarten näherkommt. Prousts voller Name lautete Valentin Louis Georges Eugène Marcel Proust, aber da ihnen dies zu lang und umständlich erschien, paßten seine engsten Freunde und Verwandten ihn ihrer jeweiligen Vorstellung von Marcel an. Für seine geliebte Mutter war er *mon petit jaunet* (mein kleines Goldstück), *mon petit serin* (mein kleiner Dummkopf), *mon petit benêt* (mein kleiner Tolpatsch) oder *mon petit nigaud* (mein kleiner Tropf). Außerdem rief sie ihn *mon pauvre loup* (mein armer Wolf), *petit pauvre loup* (armer kleiner Wolf) und *le petit loup* (kleiner Wolf – Mme Proust nannte Marcels Bruder Robert *mon autre loup*, was wenig Zweifel daran läßt, wem von beiden sie den Vorzug gab). Für seinen Freund Reynaldo Hahn hieß Proust »Buncht« (und umgekehrt Reynaldo »Bunibuls«), für seinen Freund Antoine Bibesco hieß Proust »Lecram« und, wenn er sich zu schmeichlerisch gerierte, »Le Flagorneur« (der Speichellecker) oder, wenn er zu vertraulich wurde, *Le Saturnien*. Von seiner Haushälterin wollte er »Missou« gerufen werden, und er nannte sie »Plouplou«.

Wenn Missou, Buncht und der *petit jaunet* als zärtliche Symbole dafür gelesen werden können, wie sich mit neuen Wörtern und Phrasen neue Dimensionen einer Beziehung erfassen lassen, dann darf die Namensverwechslung als trauriges Symbol der Weigerung gedeutet werden, den Wortschatz so zu erweitern, daß er der Vielfalt der Spezies Mensch gerecht wird. Die meisten Leute, die Proust nicht so nahestanden, hatten die deprimierende Neigung, ihm nicht etwa einen persönlicheren, sondern einen gänzlich anderen Namen zu geben, nämlich den seines weitaus berühmteren Zeitgenossen und Schriftstellerkollegen Marcel Prévost. *»Ich bin vollkommen unbekannt«*, beklagte Proust sich 1912. »Wenn mir, selten genug, Leser auf einen Artikel hin an den *Figaro* schreiben, schickt man die Briefe an Marcel Prévost, weil mein Name lediglich ein Druckfehler zu sein scheint.«

Der Gebrauch eines Wortes zur Bezeichnung zweier verschiedener Dinge (den Autor der *Suche nach der verlorenen Zeit* und den Verfasser der *Vierges fortes*) suggeriert eine Mißachtung der tatsächlichen Vielgestaltigkeit der Welt, die sich mit der des Klischeebenutzers vergleichen läßt. Ein Mensch, der starken Regen immer mit der Phrase *»il pleut des cordes«* beschreibt, muß sich den Vorwurf gefallen lassen, die tatsächliche Vielgestaltigkeit von Regenschauern zu verkennen, ebenso wie ein Mensch, der jeden Schriftsteller, dessen Name mit *P* beginnt und mit *t* aufhört, Monsieur Prévost nennt, sich den Vorwurf gefallen lassen muß, die tatsächliche Vielgestaltigkeit der Literatur zu verkennen.

Die Verwendung von Klischees ist deshalb so problematisch, weil die Welt über ein viel größeres Spektrum von Regengüssen, Monden, Sonnen und Empfindungen verfügt, als sprachliche Konventionen wiedergeben könnten oder erwarten lassen.

Prousts Roman wimmelt von Figuren, die sich unkonventionell verhalten. Ein weitverbreiteter Irrglaube besagt, daß alte Tanten, die ihre Familie lieben, sich in wohlwollenden Tagträumen über sie ergehen. Auch Prousts Tante Léonie liebt ihre Verwandten heiß und innig, dennoch macht sie sich einen Spaß daraus, sie in die düstersten Szenarien zu verwickeln. Von einer Vielzahl eingebildeter Krankheiten ans Bett gefesselt, langweilt sie sich so sehr, daß sie sich nach einem aufregenden Erlebnis sehnt, egal wie schrecklich es auch sein mag. Das Aufregendste, was sie sich vorstellen kann, ist eine Feuersbrunst, bei der kein Stein ihres Hauses auf dem anderen bleibt und ihre ganze Familie umkommt, während sie selbst genügend Zeit hat, sich ohne Eile in Sicherheit zu bringen. Dies würde sie in die Lage versetzen, ihre Familie viele Jahre lang beweinen zu können und das ganze Dorf dadurch zu verblüffen, daß sie das Bett verläßt und hinter ihren Särgen herschreitet – mutig, aber tiefgebeugt, todgeweiht, aber ungebrochen.

Tante Léonie wäre zweifelsohne lieber unter Folterqualen gestorben, als einzuräumen, derlei »widernatürliche« Gedanken zu hegen – dabei sind sie eigentlich ganz normal, auch wenn man nicht darüber spricht.

Albertine hat ähnlich normale Gedanken. Als sie eines Morgens das Zimmer des Erzählers betritt, überfällt sie ein heftiges Gefühl der Zuneigung. Sie sagt ihm, wie intelligent er doch sei und schwört, lieber sterben zu wollen, als sich von ihm zu trennen. Auf unsere Frage, weshalb sie plötzlich ein so heftiges Gefühl der Zuneigung empfunden habe, würde Albertine vermutlich auf die geistigen oder intellektuellen Qualitäten ihres Geliebten verweisen – und da dies die vorherrschende gesellschaftliche Interpretation der Art und Weise ist, wie Zuneigung entsteht, wären wir selbstredend geneigt, ihr Glauben zu schenken.

Proust hingegen gibt uns dezent zu verstehen, daß Albertine an diesem Morgen in Wirklichkeit nur deshalb solche Zuneigung für ihren Freund empfindet, weil er sich eben frisch rasiert hat und sie glatte Haut über alles liebt. Daraus folgt, daß ihre Leidenschaft mit seiner Intelligenz wenig zu tun hat; wenn er beschlösse, sich nie wieder zu rasieren, würde sie ihn vielleicht schon morgen verlassen.

Was für ein unschöner Gedanke. Wir bilden uns gern ein, daß Liebe tiefere Gründe hat. Albertine würde vermutlich vehement bestreiten, daß sie sich nur wegen seiner glatten

Haut in ihren Freund verliebt habe, uns ob dieser Andeutung der Perversion zeihen und versuchen, das Thema zu wechseln. Das wäre schade. Denn was eine klischeehafte Beschreibung unseres Wesens ersetzen könnte, hat mit Perversion nichts zu tun, vielmehr mit einer großzügigeren Auffassung dessen, was normal ist. Wenn sie akzeptieren könnte, daß ihre Reaktion nichts anderes beweist, als daß ein Gefühl der Zuneigung eine Vielzahl von Ursachen haben kann, wäre Albertine womöglich in der Lage, die Basis ihrer Beziehung in Ruhe zu überdenken und herauszufinden, welche Rolle eine Glattrasur in ihrem Gefühlsleben tatsächlich spielt.

Mit seinen Beschreibungen von Tante Léonie und Albertine zeichnet Proust ein Bild des menschlichen Verhaltens, das zunächst nicht mit einer orthodoxen Darstellung unseres Wesens übereinzustimmen scheint, letztlich jedoch weit realistischer ausfällt als das Bild, das er ursprünglich in Frage gestellt hat.

Die Struktur dieses Vorgangs könnte indirekt erklären, weshalb Proust von den Impressionisten so angetan war.

1874, drei Jahre nach Prousts Geburt, stellte Claude Monet ein Gemälde mit dem Titel *Impression, soleil levant* aus. Es zeigte den Hafen von Le Havre bei Morgengrauen und ließ, durch dichten Frühnebel und einen Wirrwarr von ungewohnt brutalen Pinselstrichen, die Umrisse einer Industrielandschaft mit einer Ansammlung von Kränen, Fabrikschornsteinen und Gebäuden erahnen.

Die meisten Betrachter empfanden das Bild als konfuses Durcheinander. Die zeitgenössischen Kritiker waren so

Claude Monet, *Impression, soleil levant*

aufgebracht, daß sie den Künstler und das lose Grüppchen, dem er angehörte, erbost zu »Impressionisten« stempelten und Monet unterstellten, seine technischen Fähigkeiten seien derart begrenzt, daß er nichts weiter als kindisches Geschmier zustande gebracht habe, das herzlich wenig Ähnlichkeit mit der Morgenröte in Le Havre besäße.

Das Urteil, zu dem die etablierte Kunstkritik einige Jahre später gelangte, hätte kaum unterschiedlicher ausfallen können. Denn anscheinend waren die Impressionisten nicht nur in der Lage, einen Pinsel zu führen, sondern ihre Technik fing obendrein eine Dimension der visuellen Realität, die weniger talentierte Zeitgenossen oftmals übersahen, auf nachgerade meisterhafte Art und Weise ein. Wie ist dieser dramatische Sinneswandel zu erklären? Weshalb war Monets Le Havre erst ein wirres Durcheinander und nun die bemerkenswerte Darstellung eines Kanalhafens?

Bei seiner Antwort auf diese Frage geht Proust davon aus, daß wir alle die Angewohnheit haben,

> unseren Empfindungen und Wahrnehmungen einen Ausdruck zu verleihen, der stark von ihnen abweicht und den wir doch schon nach kurzer Zeit für die Wirklichkeit selbst halten.

Demnach stimmt unsere *Wahrnehmung* der Wirklichkeit mit der objektiven Wirklichkeit nicht überein, weil sie in aller Regel von unzulänglichen bzw. irreführenden Darstellungen geprägt ist. Da wir von klischeehaften Abbildungen der Welt umgeben sind, ist es nur natürlich, wenn wir uns beim Anblick von Monets *Impression, soleil levant* zunächst sträuben und beklagen, Le Havre sehe völlig anders aus, ebenso wie wir dem Verhalten von Tante Léonie und Albertine zunächst mit Argwohn begegnen, weil es auf den ersten Blick jeglichen Bezug zur Wirklichkeit vermissen läßt. Wenn Monet ein Held ist, dann weil er sich von den traditionellen und in vielerlei Hinsicht begrenzten Darstellungen Le Havres freigemacht und sich statt dessen auf seine persönlichen, unverfälschten Eindrücke der Szenerie verlassen hat.

Als eine Art Hommage an die Impressionisten hat Proust die Romanfigur des fiktiven Malers Elstir konzipiert, der Züge von Renoir, Degas und Manet trägt. Prousts Erzähler besucht Elstirs Atelier in Balbec, wo er auf Gemälde stößt, die, wie Monets Le Havre, die orthodoxe Sichtweise der

Dinge in Frage stellen. In Elstirs Seestücken gibt es keine klare Grenze zwischen Meer und Himmel, der Himmel sieht aus wie das Meer, das Meer wie der Himmel. Auf einem Bild des Hafens von Carquethuit scheint ein Schiff nicht auf dem Wasser, sondern mitten durch den Ort zu segeln, die Frauen, die zwischen den Felsen Krabben sammeln, sehen aus, als befänden sie sich in einer Grotte, die von Schiffen und Wellen überragt wird, und eine Gruppe von Urlaubern in einem Boot macht den Eindruck, als schaukele sie in einem kleinen Bauernkarren durch sonnenbeschienene Felder und schattige Auen.

Elstir versucht sich nicht als Surrealist. Seine Bilder wirken deshalb so ungewöhnlich, weil er das zu malen versucht, was wir auf den ersten Blick *zu sehen glauben*, wenn wir uns umschauen, und nicht das, was wir auf den zweiten Blick *tatsächlich sehen*. Wir wissen, daß Schiffe nicht durch Orte segeln, dennoch kann es, wenn ein Schiff, in einem bestimmten Licht und aus einem bestimmten Blickwinkel betrachtet, vor einer Ortschaft auf dem Wasser treibt, bisweilen so aussehen. Wir wissen, daß zwischen Meer und Himmel eine Grenzlinie verläuft, trotzdem läßt sich gelegentlich nur schwer feststellen, ob ein azurfarbener Streifen zum Meer oder zum Himmel gehört, doch unsere Verwirrung hält nur so lange an, bis unser Verstand zwischen den beiden Elementen eine Unterscheidung herstellt, die uns anfänglich entgangen ist. Elstirs Leistung besteht darin, seinen ersten Eindruck des vermeintlichen Durcheinanders auf die Leinwand zu bannen, bevor seine Erfahrung ihm dazwischenfunkt.

Proust wollte damit keineswegs sagen, daß der Impressionismus die Apotheose der Malerei darstelle oder daß diese Bewegung die »Realität« so meisterhaft eingefangen habe wie keine andere Schule vor ihr; sein Kunstgeschmack reichte viel weiter. Doch Elistirs Bilder illustrierten besonders deutlich, was wohl jedes gelungene Kunstwerk auszeichnet: die Fähigkeit, uns einen verzerrten oder vernachlässigten Aspekt der Wirklichkeit neu vor Augen zu führen. Oder um es mit Proust zu sagen:

> Die mühevolle Arbeit, die unsere Eigenliebe, unsere Leidenschaft, unser Nachahmungstrieb, unser abstrakter Verstand, unsere Gewohnheiten geleistet haben, ist genau das, was die Kunst erst wieder beseitigen muß; denn gerade den umgekehrten Weg, den Weg, der zu den Tiefen zurückführt, in denen das, was wirklich existiert hat, von uns ungekannt ruht, heißt sie uns ja gehen.

Und zu den erstaunlichen Dingen, die von uns ungekannt in dunklen Tiefen ruhen, gehören unter anderem Schiffe, die durch Ortschaften segeln, Ozeane, die vom Himmel nicht zu unterscheiden sind, Phantasien, in denen unsere geliebte Familie bei einer Feuersbrunst ums Leben kommt, und durch den Kontakt mit glatter Haut entfachte heftige Gefühle der Zuneigung, ja Liebe.

Die Moral? Daß das Leben weitaus sonderbarer sein kann, als Klischees uns glauben machen wollen, daß Distelfinken ihre Eltern nicht sklavisch imitieren sollten und daß es einleuchtende Gründe dafür gibt, einen geliebten Menschen Plouplou, Missou oder armer kleiner Wolf zu nennen.

6

WIE MAN FREUNDSCHAFTEN PFLEGT

WAS HIELTEN EIGENTLICH seine Freunde von ihm? Er hatte zahlreiche Bekannte, und nach seinem Tod fühlten viele von ihnen sich bemüßigt, ihre Erinnerungen an ihn zu publizieren. Ihr Urteil hätte kaum positiver ausfallen können. Sie vertraten nahezu einhellig die Meinung, daß Proust ein Muster an *camaraderie* gewesen sei, eine Verkörperung all dessen, was eine gute Freundschaft ausmacht.

Ihren Erinnerungen entnehmen wir,

– *daß er großzügig war:*

»Ich sehe ihn vor mir, in seinem Pelzmantel, den er selbst im Frühling trug, an einem Tisch des Restaurants Larue, und ich erinnere mich an die Geste seiner schlanken Hand, wenn er darum bat, das teuerste Essen bestellen zu dürfen, den eigensüchtigen Empfehlungen des Oberkellners folgte, Champagner und ausgefallene Früchte auftischen ließ … und dabei erklärte, die Annahme seiner Einladung sei der beste Freundschaftsbeweis.« – Georges de Lauris

– *daß er freigebig war:*

»Im Restaurant, und wo immer sonst sich eine Gelegenheit dazu fand, gab Marcel großzügige Trinkgelder. Selbst im schäbigsten Bahnhofsbuffet, das er nie wieder betreten würde.« – Georges de Lauris

– *daß er bis zu 200% Trinkgeld gab:*

»Wenn ein Abendessen zehn Francs kostete, legte er noch zwanzig Francs für den Kellner dazu.« – Fernand Gregh

– *daß er nicht nur ein Verschwender war:*

»Proust war nicht allein für seine Freigebigkeit berühmt, sondern auch für seine Güte.« – Paul Morand

– *daß er nicht nur von sich redete:*

»Niemand konnte so gut zuhören wie er ... Selbst im engsten Kreise hielten ihn seine Bescheidenheit und Höflichkeit stets davon ab, sich in den Vordergrund zu drängen und beispielsweise die Gesprächsthemen zu bestimmen. Er verfolgte die Äußerungen der anderen. Er unterhielt sich durchaus auch über Sport, Automobile und war dabei auf geradezu anrührende Art und Weise bemüht, etwas dazuzulernen. Er war mehr an seinem Gesprächspartner interessiert als daran, das Interesse auf sich zu lenken.« – Georges de Lauris

– *daß er neugierig war:*

»Marcel interessierte sich brennend für seine Freunde. Ich habe nie einen weniger egoistischen oder egozentrischen Menschen erlebt. Er wollte einen unterhalten. Er freute sich, wenn die anderen lachten, und er lachte mit.« – Georges de Lauris

– *daß er nichts Wichtiges vergaß:*

»Bis zu seinem Ende hat er über seiner fieberhaften Arbeit, über seinen Leiden niemals seine Freunde vergessen – denn er verwandte auf sein Leben ebensoviel dichterische Kraft wie auf seine Bücher.« – Walter Berry

– *daß er bescheiden war:*

»Welche Bescheidenheit! Für alles entschuldigen Sie sich: für Ihre Gegenwart, Ihre Worte, Ihr Schweigen, Ihre Nachdenklichkeit, für Ihre mit glänzender Rhetorik vorgetragenen Stellungnahmen, ja selbst für Ihre unvergleichlichen Lobreden.« – Anna de Noailles

– *daß er ein brillanter Redner war:*

»Man kann es einfach nicht oft genug sagen: Prousts Konversation war brillant, faszinierend.« – Marcel Plantevignes

– *daß man sich bei ihm nie langweilte:*

»Im Laufe des Abendessens setzte er sich mit seinem Teller zu jedem einzelnen seiner Gäste: Bei dem einen aß er die Suppe, bei dem anderen den Fisch, wenigstens zur Hälfte, und so ging es immer weiter bis zum Ende der Mahlzeit, so daß er die Runde gemacht hatte, wenn das Obst serviert wurde. Jedem brachte er dieselbe Liebenswürdigkeit, denselben guten Willen entgegen, und er wäre zutiefst verletzt gewesen, wenn jemand Grund zur Klage gehabt hätte. Er wollte jeden mit seiner Höflichkeit auszeichnen und zugleich mit der ihm eigenen Hellsichtigkeit feststellen, ob alle guter Laune waren.« – Gabriel de La Rochefoucauld

Angesichts solch vollmundiger Komplimente scheint es auf den ersten Blick verwunderlich, daß Proust Freundschaften im Grunde äußerst skeptisch gegenüberstand, daß er seiner, um nicht zu sagen jeder Freundschaft allenfalls bedingten Wert beimaß. Trotz seiner blendenden Redekünste und Soiréen war er davon überzeugt,

– *daß er ebensogut mit einem Sofa hätte Freundschaft schließen können:*

»[Der] Künstler, der – aus welchen moralischen Gründen auch immer – auf eine Stunde Arbeit zugunsten einer Stunde verzichtet, in der er mit einem Freunde plaudert, [muß] sich bewußt sein, daß er eine Wirklichkeit für etwas opfert, was nicht existiert (da die Freunde nur dank einem holden Wahn Freunde sind, dem wir im Laufe des Lebens huldigen, dem wir uns überlassen, von dem wir aber in der Tiefe unseres Verstandes wissen, daß er der Irrtum eines Narren ist, der etwa glauben würde, die Möbel könnten leben und mit ihm sprechen).«

– *daß Reden überflüssig sei:*

»Konversation als Ausdruck von Freundschaft ist in der Regel oberflächliches Geschwätz, aus dem sich keinerlei Nutzen ziehen läßt. Man könnte ein ganzes Leben verplaudern, ohne etwas anderes zum Ausdruck zu bringen als die unendlich wiederholte Leere eines Augenblicks.«

– *daß Freundschaft eine eitle Gemütsbewegung sei,*

»die uns nur dazu bringen will, den einzigen wahren und (außer durch die Kunst) nicht vermittelbaren Teil unseres Seins einem oberflächlichen Selbst zu opfern«.

– *und daß Freundschaft letztlich nicht mehr sei als*

»eine Lüge, die uns glauben machen will, daß wir nicht unwiderruflich allein sind«.

Das heißt weder, daß er herzlos war oder ein Misanthrop, noch daß er nicht gelegentlich das Verlangen verspürte, sich mit Freunden zu treffen (ein Verlangen, das er als die Lust beschrieb, »Leute zu sehen, eine Lust, die Männer und Frauen gleichermaßen befällt, und die in dem Kranken, der von Familie und Freunden getrennt, in einer Klinik für ansteckende Krankheiten liegt, die Sehnsucht hervorruft, sich aus dem Fenster zu stürzen«).

Dabei zog Proust überkandidelte Vorstellungen von Freundschaft durchaus in Zweifel, insbesondere die Behauptung, daß unsere Freunde uns die Möglichkeit gäben, unser inneres Wesen auszudrücken, und daß unsere Gespräche mit ihnen das einzige Forum seien, wo wir unsere geheimsten Gedanken preisgeben und darüber hinaus im wahrsten Sinne des Wortes ganz wir selbst sein können.

Dies tat er jedoch keineswegs aus Verbitterung über das mangelnde Format seiner Freunde. Prousts Skepsis hatte nichts damit zu tun, daß auch intellektuell fragwürdige Gestalten wie Gabriel de La Rochefoucauld, den er bei Laune halten mußte, während er mit einem halbvollen Teller Fisch um den Tisch spazierte, seine Gesellschaft suchten. Das Problem war vielmehr prinzipieller Natur, es lag im Wesen der Freundschaft selbst und hätte sich auch dann gestellt, wenn er Gelegenheit zum Gedankenaustausch mit den größten Geistern seiner Generation gehabt hätte, so zum Beispiel mit einem genialen Autor wie James Joyce.

Und diese Gelegenheit gab es durchaus. Im Mai 1922 trafen sich die beiden Schriftsteller bei einem Festbankett für Strawinsky, Diaghilew und die Mitglieder des Ballet russe anläßlich der Uraufführung von Strawinskys *Le Renard* im Ritz. Joyce erschien verspätet und in Straßenkleidung, Proust behielt seinen Pelzmantel den ganzen Abend an, und was geschah, nachdem man sie einander vorgestellt hatte, berichtete Joyce später einem Freund:

> Unser Gespräch bestand einzig aus dem Wort »Non«. Proust fragte mich, ob ich den Duc de Soundso kenne. Ich sagte: »Non.« Unsere Gastgeberin fragte Proust, ob er diese und jene Passage aus dem *Ulysses* gelesen habe. Proust sagte: »Non.« Und so fort.

Als Proust mit seinen Gastgebern Violet und Sydney Schiff nach dem Essen in seine Droschke steigen wollte, zwängte Joyce sich einfach mit hinein. Erst riß er das Fenster auf, dann zündete er sich eine Zigarette an, was bei Proust bereits als Anschlag auf sein Leben gelten mochte. Während der Fahrt starrte Joyce den Franzosen wortlos an, Proust hingegen redete in einem fort, bedachte den Iren jedoch mit keiner Silbe. Als sie bei Prousts Wohnung in der rue Hamelin ankamen, nahm Proust Sydney Schiff beiseite und sagte: »Seien Sie doch so gut und fragen Sie Monsieur Joyce, ob mein Chauffeur ihn nach Hause fahren darf.« So geschah es. Die beiden Männer sollten sich nie wiedersehen.

Diese Anekdote mutet reichlich absurd an, wenn man bedenkt, worüber die beiden Schriftsteller sich hätten unterhalten *können*. Daß ein Gespräch in einer Sackgasse endet, ist nichts Besonderes und daher nicht weiter bemerkenswert; um so bemerkenswerter und bedauerlicher ist es, wenn es zwischen dem Autor des *Ulysses* und dem Verfasser der *Recherche* zu einem derartigen Mißverständnis kommt, während sie unter ein und demselben Kronleuter im Ritz dinieren.

Nehmen wir einmal an, der Abend wäre erfreulicher verlaufen, so erfreulich, wie man es sich nur wünschen kann:

PROUST *(in seinen Pelzmantel gehüllt, verstohlen an einem* homard à l'américaine *herumstochernd)*: Monsieur Joyce, kennen Sie den Duc de Clermont-Tonnerre?

JOYCE: Bitte, *appelez-moi* James. *Le Duc!* Einer meiner engsten Freunde, der reizendste Mensch, der mir zwischen Paris und Limerick je begegnet ist.

PROUST *(freudestrahlend)*: Tatsächlich? Ich bin ja so froh, daß wir einer Meinung sind, wenngleich ich gestehen muß, daß ich noch nie in Limerick gewesen bin.

VIOLET SCHIFF *(sich dezent über den Tisch beugend, zu Proust)*: Marcel, kennen Sie James' großartiges Buch?

PROUST: *Ulysse? Naturellement.* Wer hätte dieses Meisterwerk unseres noch jungen Jahrhunderts nicht gelesen?

(Joyce errötet bescheiden, kann sein Entzücken jedoch nicht verbergen)

VIOLET SCHIFF: Können Sie sich noch an eine bestimmte Passage erinnern?

PROUST: Madame, ich erinnere mich an das gesamte Buch. Zum Beispiel, als der Held die Bibliothek betritt – bitte entschuldigen Sie mein mangelhaftes Englisch, aber ich kann einfach nicht widerstehen *(rezitiert)*: *»Urbane, to comfort them, the Quaker librarian purred …«*

Doch selbst wenn der Abend so verlaufen wäre, selbst wenn sie sich auf der gemeinsamen Heimfahrt in der Droschke angeregt unterhalten und bis zum frühen Morgen über Musik und den Roman, Kunst und Nationalität, die Liebe und Shakespeare diskutiert hätten, wäre es ihnen wohl nicht gelungen, die Kluft zwischen Gespräch und Werk, zwischen Plaudern und Schreiben zu überbrücken, denn obgleich der *Ulysses* und die *Suche nach der verlorenen Zeit* die tiefgründigsten und ausführlichsten Äußerungen sind, zu denen die beiden Männer imstande waren, hätten diese Romane unter keinen Umständen aus einem Dialog hervorgehen können – was die Grenzen des Gesprächs als Forum zum Ausdruck unseres inneren Wesens deutlich macht.

Woher kommen diese Grenzen? Weshalb kann man auf dem Niveau der *Recherche* zwar schreiben, aber nicht plaudern? Zunächst einmal, weil unser Verstand eben so funktioniert, weil er ein intermittierendes Organ ist, das dazu neigt, den Faden zu verlieren oder sich ablenken zu lassen und bedeutende Gedanken nur zwischen Phasen der Trägheit oder Mittelmäßigkeit entwickelt, Phasen, in denen wir nicht »wir selbst« oder, wie man ohne Übertreibung sagen kann, nicht »ganz da« sind und mit staunenden Kinderaugen den vorbeifliegenden Wolken nachschauen. Weil der Rhythmus eines Gesprächs keinen Leerlauf zuläßt, weil die Gegenwart anderer uns in einem fort zu Reaktionen zwingt, bleibt uns nichts anderes übrig, als die Dümmlichkeit unserer Äußerungen zu bedauern und den verpaßten Gelegenheiten nachzutrauern, bei denen wir geschwiegen haben.

Im Gegensatz dazu ist ein Buch so etwas wie die Quintessenz unseres sprunghaften Verstandes, ein Dokument seiner wesentlichsten Hervorbringungen, eine Konzentration von Geistesblitzen, zwischen denen womöglich Jahre liegen, in denen wir träge vor uns hinstarren. So gesehen, muß das persönliche Zusammentreffen mit einem Autor, dessen Bücher uns gefallen haben, zwangsläufig in einer Enttäuschung enden (»Zwar gibt es Leute, deren Person ihren Büchern überlegen ist, aber das liegt daran, daß ihre Bücher keine *Bücher* sind«), weil wir bei einem derartigen Zusammentreffen einem Menschen mit all seinen Fehlern und Schwächen begegnen werden, der, ebenso wie wir, den Gesetzen der Zeit unterworfen ist.

Zudem bietet uns ein Gespräch wenig Gelegenheit, unsere Aussagen zu revidieren, was unserer unseligen Neigung entgegenkommt, einfach drauflos zu plappern, ohne genau zu wissen, was wir eigentlich sagen wollen, wohingegen das Schreiben uns genügend Zeit zur Bearbeitung läßt und es uns erlaubt, unsere ursprünglichen Gedanken – wirre, ungeschliffene Fetzen – immer weiter auszubauen und zu verfeinern. Dabei schaffen sie sich ihre ganz eigene logische und ästhetische Reihenfolge, ohne entstellt zu werden wie bei einer Unterhaltung, die allenfalls wenige Korrekturen und Ergänzungen zuläßt, es sei denn, man will auch den geduldigsten Zuhörer auf die Palme bringen.

Proust schrieb bekanntermaßen einfach drauflos, ohne genau zu wissen, was er eigentlich schreiben wollte. Als 1913 der erste Band der *Suche nach der verlorenen Zeit* erschien, hatte der Autor noch keine Ahnung, welch gigantische Ausmaße sein Roman annehmen sollte; Proust hatte eine Trilogie im Sinn *(In Swanns Welt, Die Welt der Guermantes, Die wiedergefundene Zeit)* und hoffte sogar, die letzten beiden Teile in einem Band unterbringen zu können.

Seine Pläne änderten sich grundlegend, als sich das Erscheinen des Folgebandes durch den Ersten Weltkrieg um vier Jahre verzögerte. Während dieser Zeit fielen Proust eine Menge neuer Dinge ein, und er erkannte, daß er dafür vier weitere Bände benötigen würde. Aus ursprünglich fünfhunderttausend Wörtern wurden über eineinviertel Millionen.

Doch nicht nur die Form des Romans veränderte sich. Jede Seite und eine Vielzahl von Sätzen wuchs oder mutierte bei der Transformation von der Uridee zum gedruckten Wort. Allein die Hälfte des ersten Bandes wurde viermal umgeschrieben. Bei der Durchsicht des Textes mußte Proust immer wieder feststellen, wie unvollkommen seine Erstfassung doch war: Wörter oder Satzteile wurden gestrichen, und Passagen, die er für gelungen gehalten hatte, schienen geradezu nach Überarbeitung und Ergänzung durch neue Bilder und Metaphern zu schreien. Daher der chaotische Zustand des Manuskripts, Resultat eines Gei-

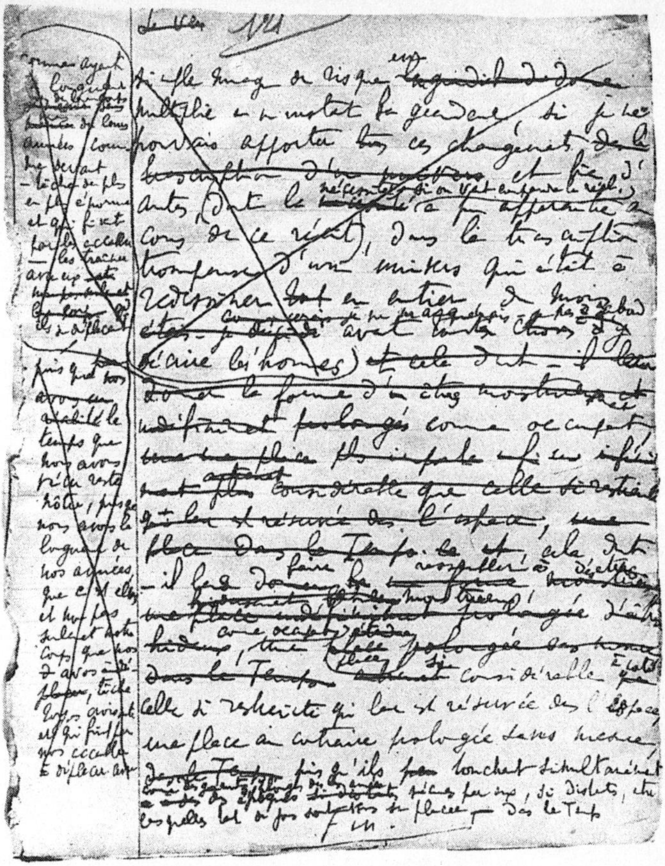

stes, der seine ursprünglichen Äußerungen kontinuierlich zu verbessern suchte.

Zum Leidwesen seiner Verleger nahmen Prousts Revisionen auch dann kein Ende, wenn sein handschriftliches Gekrakel bereits in Satz gegangen war. Bei der Lektüre der

Druckfahnen, wo sich sein Gekritzel in elegante, regelmäßige Lettern verwandelt hatte, entdeckte Proust immer neue Fehler und Auslassungen. Er korrigierte sie mit unleserlichen Kringeln, die jeden freien Zentimeter bedeckten und sich bisweilen sogar auf schmale Papierstreifen erstreckten, die er an den Blattrand klebte.

— Vous pourriez commencer par me dire bonjour
me répondit-il d'un air furieux sans me donner la main
Naturellement quand on me persécute vingt fois de
suite pour me faire venir quelque part continua-t-il à
voix basse j'ai bien droit à ma liberté je ne peux pour-
tant pas agir comme un rustre.
Mme de Guermantes s'était assise sur le pouf. Son
nom, comme il était accompagné de son titre, ajoutait
à la personne physique de Mme de Guermantes, son
duché qui se projetait autour d'elle et faisait régner la
fraîcheur ombreuse et dorée des bois de Guermantes
au milieu du salon, à l'entour du pouf sur lequel elle
s'était assise. J'étais étonné seulement que leur ressem-
blance ne fût pas plus lisible sur son visage qui n'avait
rien de végétal et où tout au plus le couperosé des joues
— lesquelles auraient dû semblait-il être blasonnées par
le nom de Guermantes — était l'effet, mais non l'image,
de longues chevauchées au grand air. Pourtant c'était
bien la duchesse que désignait pour tout le monde le nom de
duchesse de Guermantes ; la vie inconcevable que ce
nom signifiait, ce corps le contenait bien ; il venait de
l'introduire au milieu d'êtres bien différents, dans ce
salon qui la circonvenait de toutes parts et sur lequel
elle exerçait une réaction si vive que je croyais voir là
où cette vie cessait de s'étendre une frange d'efferves-
cence en délimiter les frontières : dans la circonférence
que découpait sur le tapis le ballon de la jupe de pékin
bleu, et dans les prunelles claires de la duchesse à
l'intersection des préoccupations, des souvenirs, de la
pensée incompréhensible, méprisante, amusée et curieuse
qui les remplissaient, et des images étrangères qui s'y
reflétaient. Peut-être eussé-je été un peu moins ému si
je l'eusse rencontrée chez Mme de Villeparisis à une
soirée, au lieu de la voir ainsi à un de ces « jours »,
à un de ces thés qui ne sont pour les femmes qu'une

Auch wenn er seine Verleger so zur Weißglut trieb, wurde das Buch dadurch deutlich besser. Der Roman war also nicht das Ergebnis der Bemühungen von einem Proust (mit dem sich ein Gesprächspartner naturgemäß zufriedengeben müßte), sondern das Produkt einer Reihe zunehmend kritischer und kompetenter Schriftsteller (mindestens drei: $Proust^1$, der das Manuskript geschrieben hatte + $Proust^2$, der es überarbeitete + $Proust^3$, der die Druckfahnen korrigierte). Im fertigen Buch war von diesem Bearbeitungsprozeß oder den materiellen Bedingungen des Schöpfungsaktes selbstverständlich nichts zu spüren, hier gab es nur eine durchgehende, kontrollierte, makellose Stimme, der man nicht anmerkte, wo ein Satz unformuliert, eine Metapher geändert oder eine Unklarheit beseitigt worden war und zwischen welchen Zeilen der Autor einen Asthmaanfall erlitten, geschlafen, gefrühstückt oder einen Dankesbrief geschrieben hatte. Er wollte niemanden täuschen, sondern der ursprünglichen Konzeption des Werkes treu bleiben, in der ein Asthmaanfall oder ein Frühstück, obgleich sie zu seinem Leben gehörten, keinen Platz hatten. Denn, so Proust:

> Ein Buch ist mitnichten das Produkt desselben Ichs, das wir in unseren Gewohnheiten, im gesellschaftlichen Umgang, in unseren Lastern zur Schau stellen.

Obgleich eine Freundschaft keineswegs das ideale Forum ist, um komplexe Gedanken in präzise, bilderreiche Sprache zu kleiden, muß man ihr zugute halten, daß sie uns Gelegenheit bietet, unsere geheimsten Gedanken preiszugeben und endlich einmal offen auszusprechen, was uns bewegt.

Doch so verlockend die Vorstellung von rückhaltloser Offenheit uns auch erscheinen mag, sie hängt im wesentlichen von zwei Faktoren ab:

Erstens: Was bewegt uns wirklich? Genauer gesagt, welche Gedanken hegen wir hinsichtlich unserer Freunde, die, obwohl zutreffend, verletzend wirken, oder, obwohl aufrichtig, als unhöflich verstanden werden könnten?

Zweitens: Wäre unser Gegenüber unter Umständen bereit, uns die Freundschaft aufzukündigen, wenn wir es wagen würden, ihm diese geheimen Gedanken anzuvertrauen? Um dies zu beurteilen, müssen wir uns einerseits darüber im klaren sein, daß auch wir womöglich nur begrenzte Wertschätzung genießen, und uns andererseits fragen, ob unsere guten Eigenschaften ausreichen, eine Freundschaft aufrechtzuerhalten, obwohl wir den anderen vorübergehend verärgert haben, weil wir unser Mißfallen über seine Verlobte oder seine Lyrik meinten bekunden zu müssen.

Leider war Proust nach beiden Maßstäben kaum in der Lage, aufrichtige Freundschaften zu pflegen, denn dazu hegte er viel zu viele zutreffende, aber unhöfliche Gedanken über seine Mitmenschen. Als er 1918 eine Wahrsagerin besuchte, warf die Frau angeblich einen Blick auf seine Hand, sah ihm kurz ins Gesicht und sagte dann: »Was wollen Sie von mir, Monsieur? Eigentlich müßten Sie *meinen* Charakter deuten.« Doch diese unglaubliche Menschenkenntnis erheiterte ihn keineswegs. »Ich bin schier untröstlich darüber, feststellen zu müssen, wie wenig Menschen wahrhaft nett sind«, schrieb er und gelangte zu dem Schluß, daß mit den meisten Leuten etwas nicht stimmen könne:

Auch die vollkommenste Person hat einen bestimmten Fehler, an dem man Anstoß nimmt, ja der einen sogar zum Zorn reizen kann. Die eine verfügt über eine wunderbare Intelligenz, sieht alles von höherer Warte, sagt niemals Böses über jemanden aus, vergißt aber die wichtigsten Briefe einzuwerfen, nachdem sie einen selbst gedrängt hat, sie ihr anzuvertrauen, und bringt einen um eine Begegnung von entscheidender Bedeutung, ohne sich zu entschuldigen, vielmehr lächelnd, weil sie ihren Stolz darein setzt, niemals zu wissen, was die Stunde geschlagen hat. Ein anderer ist so fein, so sanft, so zartfühlend in allen Dingen, daß er einem immer nur sagt, was geeignet ist, einen glücklich zu machen, aber man spürt ganz genau, daß er etwas verschweigt und in seinem Herzen begräbt, andere Ansichten nämlich, die dort bitter werden.

Lucien Daudet hatte den Eindruck, daß Proust

eine hellseherische Gabe [besaß], um die man ihn nicht beneiden sollte: Er sah und verabscheute all die kleinen, oft sorgsam verborgenen Schwächen des menschlichen Herzens – Lügen, auch unbedeutende, geistige Beschränktheit, Geheimniskrämerei, geheuchelte Selbstlosigkeit, liebenswürdige Reden mit geheimen Absichten, die aus Opportunitätsgründen leicht abgewandelte Wahrheit. Alles, was in der Liebe bekümmert und in der Freundschaft ernüchtert, erregte unablässig Prousts Erstaunen, seine Trauer oder seine Ironie.

Bedauerlicherweise verband Proust dieses gesteigerte Bewußtsein für die Fehler anderer mit außerordentlich starken Zweifeln an seiner Ausstrahlung (»Ach! mich zum Narren zu machen, ist seit jeher mein schlimmster Alptraum«) und der Angst, seine Freunde zu verlieren, falls er sich negativ über sie äußerte. Sein bereits diagnostizierter Mangel an Selbstbewußtsein (»Wenn ich mich nur recht zu estimieren wüßte! Aber ach! es ist unmöglich«) führte zu einer übertriebenen Vorstellung davon, wie höflich er sein müsse, um überhaupt Freunde zu finden. Und obwohl er keine allzu hoch gespannten Erwartungen in die Freundschaft setzte, war er sehr um die Zuneigung seiner Mitmenschen bemüht (»Mein einziger Trost in Zeiten tiefster Trauer ist es, zu lieben und geliebt zu werden«). Unter der Überschrift »Gedanken, welche die Freundschaft verderben« bekannte er sich zu einer Reihe von Ängsten, die jedem durchschnittlichen Gefühlsparanoiker bekannt sein dürften: »Was haben sie über mich gedacht?«, »Habe ich es auch nicht an Takt fehlen lassen?«, »Habe ich ihnen gefallen?« und nicht zuletzt »die Angst, um eines anderen willen vergessen zu werden«.

Proust ging es bei einer neuen Bekanntschaft demnach hauptsächlich darum, zu gefallen und einen guten Eindruck zu hinterlassen. »Er überschüttete seine Gastgeber und Gastgeberinnen nicht nur mit Komplimenten, sondern gab zudem ein Vermögen für Blumen und charmante und geistreiche Geschenke aus«, berichtete sein Freund Jacques-Émile Blanche, was uns einen deutlichen Eindruck von Prousts Gefallsucht verschafft. Seine ungeheure psychologische Menschenkenntnis, die selbst eine Handleserin arbeitslos zu machen drohte, leistete ihm bei der Suche nach dem treffenden Wort, dem angemessenen Lächeln oder der passenden Blume hervorragende Dienste. Er war ein wahrer Meister in der Kunst, sich Freunde zu machen, er gewann unzählige Bekannte, sie genossen seine Gesellschaft, waren ihm innigst verbunden und schrieben nach seinem Tod stapelweise schmeichlerische Bücher mit Titeln wie *Mein Freund Marcel Proust* (Maurice Duplay), *Meine Freundschaft mit Marcel Proust* (Fernand Gregh) oder *Briefe an einen Freund* (Marie Nordlinger).

Angesichts der Mühe und strategischen Intelligenz, die er auf Freundschaften verwandte, ist das nicht weiter verwunderlich. So neigen besonders jene Menschen, die nur wenige Freunde haben, zu der Annahme, Freundschaft sei eine heilige Sphäre, wo unsere Interessen leicht auf Gegenliebe stoßen. Proust sah das weniger optimistisch, erkannte mögliche Interessenkonflikte und beschloß, daß es an ihm sei, die Fragen zu stellen und sich mit den Problemen seines Gegenübers zu befassen, statt ihn mit seinen eigenen zu langweilen.

Alles andere wäre schlechter Stil gewesen: »Es zeugt von mangelndem Taktgefühl, wenn die Leute im Gespräch nicht den anderen zu gefallen, sondern, ganz egoistisch, eine Frage zu klären versuchen, die ihnen am Herzen liegt.« Ein angenehmer Gesprächspartner zu sein, erfordere ein gewisses Maß an Selbstverleugnung: »Wenn wir uns mit einem anderen Menschen unterhalten, ... sind wir nicht mehr wir selbst ... wir passen uns den Fremden vielmehr so weit an, bis unser Selbst sich von dem seinen nicht mehr unterscheidet.«

Das erklärt, weshalb sein Freund Georges de Lauris, ein begeisterter Rallyefahrer und Tennisspieler, sich rühmen konnte, mit Proust des öfteren über Sport und Autos diskutiert zu haben. Zwar hatte Proust selbstverständlich weder für das eine noch das andere etwas übrig, doch mit einem Mann, der sich mehr für die Kurbelwelle eines Renault interessierte, über die Kindheit von Mme de Pompadour sprechen zu wollen, hätte geheißen, den wahren Sinn der Freundschaft zu verkennen.

Denn wozu ist Freundschaft da? Jedenfalls nicht, um, ganz egoistisch, über die Dinge zu reden, die einem selbst am Herzen liegen, sondern vor allem, um Wärme und Zuneigung zu schenken, weshalb Proust für einen Kopfmenschen ausgesprochen wenig Interesse an rein intellektuellen Freundschaften bezeigte. Im Sommer 1922 erhielt er einen Brief von Sydney Schiff, dem Freund, der zwei Jahre später die katastrophale Begegnung mit Joyce in die Wege leiten sollte. Sydney schrieb, er mache Urlaub an der englischen Küste, und das Wetter sei sehr schön, doch Violet habe eine Gruppe ausgelassener junger Leute eingeladen, die Ferien mit ihnen zu verbringen, und die Oberflächlichkeit der Jugendlichen deprimiere ihn zutiefst: »Das ist mir überaus lästig, denn ich bin nur ungern ständig von jungen Leuten umgeben. Ich leide unter ihrer Naivität, die ich zu zerstören oder doch zumindest zu beeinträchtigen fürchte. Zwar finde ich das menschliche Wesen bisweilen durchaus interessant, aber es mangelt ihm zu sehr an Intelligenz, als daß ich es lieben könnte.«

Proust, in der klösterlichen Abgeschiedenheit seines Bettes in Paris, konnte nur schwer nachvollziehen, was dagegen sprach, einen Badeurlaub mit jungen Leuten zu verbringen, deren einziger Fehler darin bestand, Descartes nicht zu kennen:

> Ich verrichte meine intellektuelle Arbeit im stillen, und wenn ich mit meinesgleichen zusammen bin, ist es mir nicht so wichtig, ob sie intelligent sind, solange sie nur *freundlich, ehrlich* usw. sind.

Selbst wenn Proust geistreiche Gespräche führte, war er in erster Linie darum bemüht, auf sein Gegenüber einzugehen, statt (wie manche es womöglich tun würden) unter der Hand einfließen zu lassen, was ihn beschäftigte. In einem weiteren Band Erinnerungen, den er unter dem Titel *Mit Marcel Proust* veröffentlichte, beschreibt sein Freund Marcel Plantevignes Prousts intellektuelle Höflichkeit und sein Bestreben, einen Gesprächspartner niemals zu überfordern, zu ermüden oder allzu kategorische Aussagen zu treffen. Proust beendete einen Satz häufig mit »nicht wahr« oder »meinen Sie nicht auch?«. Für Plantevignes war dies ein Ausdruck seines Wunsches, sich beliebt zu machen. »Möglicherweise ist es falsch, ihnen etwas zu sagen, das ihnen nicht gefällt, weil sie es ohnehin anders verstehen werden, als ich es mir erhofft habe«, schien Proust sich insgeheim zu denken. Nicht daß Plantevignes sich beklagte, derlei Zurückhaltung war hochwillkommen, insbesondere wenn Proust einen schlechten Tag hatte:

> Dieses »nicht wahr« hatte durchaus etwas Tröstliches, vor allem wenn es gewisse, oftmals recht erstaunliche Äußerungen begleitete, die Proust bisweilen aus einer pessimistischen Laune heraus traf und die ohne diese

Abschwächung gar zu niederschmetternd gewesen wären, wie zum Beispiel: »Es gibt keine Freundschaft«, oder: »Die Liebe ist eine Falle, die wir erst als solche erkennen, wenn wir in ihr leiden.«

– *Meinen Sie nicht auch?*

Überspitzt formuliert, könnte man Prousts charmante Umgangsformen auch als übertrieben höflich bezeichnen, und zwar in einem solchen Maße, daß die zynischeren unter Prousts Freunden eigens ein Wort erfanden, um seine merkwürdigen Manieren zu verspotten. Fernand Gregh schreibt:

> Wir hatten sogar ein eigenes Wort erfunden, *proustifizieren*, wenn wir unter uns eine etwas zu gesuchte Höflichkeit beschreiben wollten, die man gemeinhin als »geziertes Getue« bezeichnet hätte.

Eine charakteristische Zielscheibe von Prousts *Proustifikation* war eine Frau mittleren Alters namens Laure Hayman, eine berühmte Kurtisane, die einst die Geliebte des Duc d'Orléans, des Königs von Griechenland, des Prinzen Egon von Fürstenberg und zuletzt von Prousts Großonkel Louis Weil gewesen war. Proust war noch keine zwanzig, als er Laure kennenlernte und sie zu *proustifizieren* begann. Er schickte ihr kunstvolle, mit Komplimenten gespickte Briefe, denen er Pralinen, Schmuck und Blumen beilegte, derart kostspielige Präsente, daß sein Vater sich gezwungen sah, ihn wegen seiner Verschwendungssucht zu tadeln.

»Teure Freundin, teures Glück«, lautete ein typischer Brief an Laure. »Anbei fünfzehn Chrysanthemen … Ich hoffe, die Stiele sind überlang, wie von mir bestellt.« Wenn nicht, oder wenn Laure eines größeren und beständigeren Liebesbeweises bedurfte als eines Sträußchens langstieligen Grünzeugs, versicherte er ihr, daß sie ein Geschöpf von aufreizender Intelligenz und fragiler Anmut sei, eine vollendete Schönheit, ja eine Göttin, die alle Männer zu betenden Verehrern werden ließe. Da lag es nahe, den Brief mit zärtlichen Grüßen und dem praktischen Vorschlag zu beenden, »dieses Jahrhundert das Jahrhundert der Laure Hayman zu nennen«. Laure und er wurden Freunde.

Dieses Foto von Paul Nadar zeigt sie zu der Zeit, da sie die Chrysanthemen übersandt bekam.

Ein anderes bevorzugtes *Proustifikations*-Objekt war die Lyrikerin und Romanautorin Anna de Noailles, die sechs Bände belangloser Gedichte verbrochen hatte und es an Talent, laut Proust, bequem mit Baudelaire aufnehmen konnte. Als sie ihm im Juni 1905 ein Exemplar ihres Romans *La Domination* zukommen ließ, schwärmte Proust, daß sie aus sich eine ganze Welt erschaffen habe, »eine wunderbare Welt, welche der Betrachtung durch den Menschen offensteht«. Doch sei sie nicht nur die Schöpferin eines eigenen Universums, sondern auch eine Frau von mythischer Erscheinung. »Ich beneide Odysseus nicht, weil meine Athene mehr Schönheit und Genie besitzt und zudem klüger ist als seine«, versicherte ihr Proust. Einige Jahre später, in einer Rezension ihres Gedichtbandes *Les Éblouissements* für den *Figaro*, schrieb er, Anna habe ebenso erhabene Bilder gefunden wie Victor Hugo, und ihr Buch sei ein glänzender Erfolg, ein Meisterwerk des literarischen Impressionismus. Zum Beweis zitierte er gar einige von Annas Versen:

Tandis que détaché d'une invisible fronde,
Un doux oiseau jaillit jusqu'au sommet du monde.

»Kennen Sie ein grandioseres und vollkommeneres Bild als dies?« fragte er seine Leser – denen man es schwerlich verdenken konnte, wenn sie an dieser Stelle kopfschüttelnd *Und ob* murmelten und sich fragten, welcher Teufel den berauschten Kritiker geritten haben mochte.

War er vielleicht nur ein großer Heuchler? Das würde bedeuten, daß sich unter einer Oberfläche des guten Willens und der Freundlichkeit ein finsterer, berechnender Charakter verbarg und daß Prousts wahre Gefühle für Laure Hayman und Anna de Noailles unmöglich seinen hochtrabenden Erklärungen entsprochen haben konnten und diese mehr Spott als Bewunderung enthielten.

Die Diskrepanz ist vermutlich nicht ganz so dramatisch. Zwar schenkte er einem gut Teil seiner Proustifikationen zweifelsohne wenig Glauben, doch war die ihnen zugrundeliegende Aussage durchaus aufrichtig gemeint: »Ich mag euch und will von euch gemocht werden.« Die fünfzehn langstieligen Chrysanthemen, die wunderbaren Welten, die betenden Verehrer, die Athenen, Göttinnen und grandiosen Bilder waren für Proust, im Hinblick auf seine bereits erwähnte, überaus schwache Selbsteinschätzung (»Ich halte weniger auf mich als Antoine [sein Diener] auf sich«), lediglich eine notwendige Zutat, um seine schiere Anwesenheit aufzuwerten und sich Zuneigung zu verschaffen.

Dennoch sollte Prousts übertriebene Höflichkeit uns nicht über die Unaufrichtigkeit hinwegtäuschen, ohne die offenbar keine Freundschaft auskommt, die ständige Bereitschaft, einem Freund, der uns seinen letzten Gedichtband oder sein Neugeborenes präsentiert, ein paar ebenso freundliche wie leere Worte zu spenden. Wer diese Höflichkeit als Heuchelei abtut, übersieht, daß wir uns einer kleinen Lüge nicht bedient haben, um böse Absichten zu kaschieren, sondern um unsere Zuneigung zu demonstrieren, die man uns ohne Ahs und Ohs vielleicht nicht abgenommen hätte, weil die meisten Menschen sehr an ihren Sprößlingen und Versen hängen. Es scheint eine tiefe Kluft zu bestehen zwischen dem, was die anderen von uns hören wollen, damit sie uns glauben, daß wir sie mögen, und den negativen Empfindungen, die wir in ihnen auslösen können, *obwohl* wir sie mögen. Wir wissen, daß es möglich ist, jemanden trotz seiner armseligen Lyrik für einen sensiblen Menschen zu halten, ihn trotz seiner Verblasenheit charmant und trotz seines üblen Mundgeruchs liebenswert zu finden. Dennoch trauen wir uns häufig nicht, unseren negativen Gefühlen Ausdruck zu verleihen, weil dies den anderen verletzen und unsere Verbindung gefährden könnte. Wenn über uns gelästert wird, vermuten wir dahinter in der Regel viel mehr Häme (oder Tadelsucht), als wir selbst empfinden, wenn wir über einen Menschen lästern, über dessen Gewohnheiten wir uns lustig machen können, ohne daß sich an unserer Zuneigung für ihn etwas ändert.

Proust verglich die Freundschaft einmal mit dem Lesen, weil wir in beiden Fällen Zwiesprache halten, setzte jedoch hinzu, das Lesen verfüge über einen entscheidenden Vorteil:

> Beim Lesen wird die Freundschaft plötzlich wieder zu ihrer ursprünglichen Reinheit zurückgeführt. Mit Büchern gibt es keine Liebenswürdigkeiten. Wenn wir den Abend mit diesen Freunden verbringen, so deshalb, weil wir wirklich Lust dazu haben.

Während wir im richtigen Leben eine Essenseinladung oftmals nur deshalb nicht ablehnen, weil wir um die Zukunft einer innigen Freundschaft fürchten und uns lieber eine heuchlerische Mahlzeit aufdrängen lassen, als die ebenso ungerechtfertigten wie unvermeidlichen Gefühle unserer

Freunde zu verletzen. Bei einem Buch hingegen dürfen wir ehrlich sein. Wir können nach Lust und Laune darin blättern und ein gelangweiltes Gesicht machen oder eine Dialogpassage überspringen, wenn uns danach ist.

Hätten wir Gelegenheit gehabt, einen Abend mit Molière zu verbringen, hätte uns wohl selbst dieses komische Genie von Zeit zu Zeit allenfalls ein gequältes Lächeln entlockt, weshalb Proust der Zwiesprache mit dem gedruckten Dramatiker den Vorzug gab. Denn in Buchform

> ... lachen [wir] über das, was Molière sagt, nur in dem Maß, in dem wir es komisch finden; wenn er uns langweilt, haben wir keine Bedenken, ein gelangweiltes Gesicht zu machen, und wenn wir von seiner Gesellschaft genug haben, stellen wir ihn so brüsk an seinen Platz zurück, als ob er weder eine Berühmtheit noch ein Genie wäre.

Wie sollen wir mit der Unaufrichtigkeit umgehen, ohne die anscheinend keine Freundschaft auskommt? Wie sollen wir die beiden widersprüchlichen Anliegen der Freundschaft, nämlich erstens Liebe und Zuneigung zu gewinnen und zweitens möglichst aufrichtig zu sein, unter einen Hut bringen? Da Proust sowohl ungewöhnlich aufrichtig als auch ungewöhnlich liebevoll war, setzte er dieses doppelte Anliegen einer harten Belastungsprobe aus und gelangte zu dem Schluß, daß das Streben nach Zuneigung und das Streben nach Wahrhaftigkeit nicht nur oberflächlich, sondern grundsätzlich unvereinbar seien. Damit machte er sich eine wesentlich begrenztere Auffassung von Freundschaft zu eigen, die es einerseits erlaubte, Laure neckische Liebesbriefe zukommen zu lassen, es andererseits jedoch verbot, Molière einen Langweiler zu schimpfen oder Anna de Noailles zu sagen, daß sie keine Gedichte schreiben könne. Obwohl man meinen sollte, daß ihn das einen weniger guten Freund sein ließ, war paradoxerweise das genaue Gegenteil der Fall: Diese radikale Trennung machte Proust zu einem besseren, treueren und charmanteren Freund *und* zu einem ehrlicheren, profunderen und unsentimentaleren Denker.

Ein gutes Beispiel dafür, inwieweit diese Trennung Prousts Verhalten beeinflußte, war die Freundschaft zu seinem ehemaligen Mitschüler und Schriftstellerkollegen Fernand Gregh. Als Prousts erster Erzählungsband erschien, bekleidete Gregh eine einflußreiche Stellung bei der Literaturzeitschrift *La Revue de Paris*. Obwohl *Freuden und Tage* zahlreiche Mängel aufwies, war es wahrhaftig nicht zuviel verlangt, wenn ein alter Schulfreund ein gutes Wort für das Buch einlegte, doch da wurde Proust von Gregh enttäuscht, der es nicht für nötig hielt, in der *Revue de Paris* auch nur eine Silbe über Prousts Werk zu verlieren. Zwar fand er Platz für eine Kurzrezension, doch befaßte er sich darin ausschließlich mit den Illustrationen, dem Vorwort sowie den dem Bändchen beigelegten Klavierstücken, mit denen Proust nichts zu schaffen hatte, und krönte das Ganze mit ein paar sarkastischen Seitenhieben auf die Beziehungen, die Proust sich zunutze gemacht hatte, um seinen Erstling zu veröffentlichen.

Was tut man, wenn ein Freund wie Gregh bald darauf ein – noch dazu sehr schlechtes – Buch schreibt und einem, mit der Bitte um ein aufrichtiges Urteil, ein Exemplar desselben zukommen läßt? Vor genau diesem Problem stand Proust nur wenige Wochen später, als Fernand ihm *La Maison de l'enfance* übersandte, eine Sammlung von Gedichten, die sich zur Lyrik von Anna de Noailles verhielten wie diese zu den Werken Charles Baudelaires. Proust hätte die Gelegenheit dazu benutzen können, Gregh wegen seines Verhaltens zur Rede zu stellen, ihm zu sagen, was er wirklich von seinen Gedichten hielt, und ihm den Rat zu geben, bei seinem Leisten zu bleiben. Doch wie wir inzwischen wissen, war das nicht sein Stil, und so schrieb er einen wohlwollenden Glückwunschbrief: »Was ich gelesen habe, schien mir wahrhaft *schön*«, schmeichelte Proust. »Ich weiß, daß Du sehr streng über mein Buch geurteilt hast. Der Grund ist vermutlich, daß Du es schlecht fandest. Da ich das Deine gut finde, bin ich dagegen glücklich, es Dir zu sagen … und vor allem dafür zu sorgen, daß man es weitersagt.«

Interessanter als die Briefe, die wir unseren Freunden schicken, sind vielleicht die Briefe, die wir zwar schreiben, dann aber doch nicht versenden. Nach seinem Tod fand man unter Prousts Papieren einige Zeilen an Gregh, die kurz vor dem Brief entstanden waren, den er zur Post gegeben hatte. Ihr Tonfall war weitaus häßlicher, weitaus unangenehmer, aber auch weitaus ehrlicher. Proust dankte Gregh für *La Maison de l'enfance*, beschränkte sich im folgenden jedoch darauf, statt der Qualität die Quantität der lyrischen Ergüsse zu loben und schloß mit einigen verletzenden Bemerkungen über Greghs Stolz, seinen Argwohn und sein kindisches Gebaren.

Warum hat er den Brief nicht abgeschickt? Trotz der weitverbreiteten Ansicht, daß man persönliche Konflikte stets mit demjenigen erörtern sollte, der sie verursacht hat, sollten wir das zumeist unbefriedigende Resultat dieser Vorgehensweise vielleicht zum Anlaß nehmen, nach einer besseren Lösung zu suchen. Angenommen, Proust hätte Gregh in ein teures Restaurant eingeladen, ihm die edelsten Trauben kredenzen lassen, dem Kellner zusätzlich fünfhundert Francs in die Hand gedrückt und seinem Freund dann so schonend wie möglich beigebracht, daß er zuviel Stolz besitze, zuwenig Vertrauen hege und sich bisweilen etwas kindisch gebärde; vermutlich wäre Gregh vor Zorn rot angelaufen, hätte die Trauben beiseite gestoßen und, zum Erstaunen des fürstlich entlohnten Kellners, wutschnaubend das Lokal verlassen. Was hätte Proust damit bewirkt, außer den stolzen Gregh unnötig vor den Kopf gestoßen zu haben? Und überhaupt, war Proust mit dieser Person etwa befreundet, um ihr sein Talent als Handleser zu demonstrieren?

Derlei heikle Gedanken macht man sich am besten anderswo, an einem geheimen Ort, der Analysen zuläßt, die für den Betroffenen womöglich zu verletzend sind. Wie zum Beispiel in einem Brief. Oder einem Roman.

Man kann die *Suche nach der verlorenen Zeit* auch als einen überlangen, nicht abgeschickten Brief betrachten, als Gegengift gegen ein Leben der Proustifikation, als die Kehrseite der Athenen, der luxuriösen Geschenke und langstieligen Chrysanthemen, als den Ort, wo das Unsagbare endlich gesagt werden durfte. Gemäß seiner eigenen

Definition des Künstlers als »erhabenes Geschöpf, das über ebenjene Dinge redet, von denen man nicht spricht«, benutzte Proust seinen Roman, um die Schwächen und Fehler seiner Freunde und Verwandten aufs Korn zu nehmen. Laure Hayman mag eine hinreißende Frau gewesen sein, doch hatte sie auch ihre weniger angenehmen Seiten, die Proust in die Darstellung seiner fiktiven Odette de Crécy einfließen ließ. Im richtigen Leben war Fernand Gregh eine Strafpredigt von Proust erspart geblieben, dafür bekam er im Roman, versteckt, gehörig die Leviten gelesen, in Form von Prousts vernichtendem Porträt des Alfred Bloch, dem Gregh teilweise als Vorbild diente.

Zum Leidwesen Prousts machte die feine Pariser Gesellschaft ihm bei dem Versuch, ehrlich zu sein *und* seine Freunde zu behalten, durch das vulgäre Beharren auf der Behauptung, sein Buch sei ein *roman-à-clef*, einen dicken Strich durch die Rechnung. »Es gibt keine Schlüssel zu den Figuren dieses Buches«, widersprach Proust. Dennoch waren die Schlüssel zutiefst gekränkt, unter ihnen Camille Barrère, die sich in Norpois wiederentdeckte, Robert de Montesquiou, der sich im Baron de Charlus wiederfand, der Duc d'Albuféra, der seine Liebschaft mit Louisa de Mornand in Saint-Loups Affäre mit Rachel wiedererkannte, und Laure, die sich als Odette de Crécy verunglimpft sah. Obgleich Proust sich beeilte, Laure zu versichern, Odette sei in Wahrheit »das genaue Gegenteil von Ihnen«, ist es kein Wunder, daß sie Mühe hatte, ihm zu glauben, da Odette und sie sogar unter derselben Anschrift residierten. In einem Pariser Branchenfernsprechbuch der zwanziger Jahre finden wir »HAYMAN (Mme Laure), rue

Lapérouse n° 3«, und im Roman Odettes »kleines Hotel in der rue La Pérouse, hinter dem Arc de Triomphe«. Der einzige Unterschied scheint in der Schreibweise des Straßennamens zu bestehen.

Trotz dieser Differenzen läßt sich das Prinzip der radikalen Trennung dessen, was Sache der Freundschaft und was Sache des nicht abgeschickten Briefes oder des Romans ist, ohne weiteres vertreten (wenn auch unter dem Vorbehalt, daß man die Straßennamen ändert und die Briefe vorsorglich zurückhält).

Es läßt sich sogar im Namen der Freundschaft vertreten. Proust war der Ansicht, daß »die Verächter der Freundschaft ... die besten Freunde der Welt sein« können, vielleicht weil diese Verächter mit realistischeren Erwartungen an persönliche Beziehungen herangehen. Sie reden nur ungern lang und breit über sich selbst, nicht weil sie das Thema für unbedeutend hielten, sondern weil es ihnen zu wichtig ist, um es dem willkürlichen, flüchtigen und letztlich oberflächlichen Medium der Konversation auszuliefern. Sie haben keinerlei Bedenken, Fragen zu stellen statt zu beantworten, weil sie die Freundschaft als ein Feld betrachten, auf dem es zu lernen und nicht zu belehren gilt. Und weil sie die Gefühle ihrer Mitmenschen zu schätzen wissen, akzeptieren sie die daraus resultierende Notwendigkeit, hin und wieder falsche Höflichkeiten auszutauschen, das Äußere einer alternden Ex-Kurtisane durch die rosa Brille zu betrachten oder einen gutgemeinten, aber mittelmäßigen Gedichtband wohlwollend zu rezensieren.

Statt fanatisch nach Wahrheit und Zuneigung zu streben, erkennen sie die Unvereinbarkeit der beiden Anliegen und treffen eine kluge Unterscheidung zwischen Laure Hayman und Odette de Crécy, zwischen dem Brief, der abgeschickt wird, und dem, der zwar zurückgehalten wird, aber dennoch geschrieben werden muß.

7
WIE MAN SEHEN LERNT

PROUST SCHRIEB EINMAL einen Essay, in dem er ein Lächeln auf das Gesicht eines trübsinnigen, neidischen und unzufriedenen jungen Mannes zu zaubern versuchte. Er schilderte, wie dieser junge Mann eines Tages nach dem Mittagessen am Eßtisch in der elterlichen Wohnung sitzt und niedergeschlagen seine Umgebung betrachtet: ein letztes herumliegendes Messer, die Überreste eines blutigen und faden Koteletts, das halb aufgeschlagene Tischtuch. Im Hintergrund des Zimmers sieht der junge Mann seine Mutter, die langsam eine Docke roter Wolle aufwickelt, und hinter ihr, oben auf dem Schrank, neben einer Flasche Branntwein für besondere Gelegenheiten, döst eine dicke, fette Katze. Die Banalität dieses Schauspiels steht im krassen Gegensatz zu dem Geschmack des jungen Mannes an schönen und kostspieligen Dingen, die er sich nicht leisten kann. Proust stellte sich vor, welchen Ekel der junge Ästhet beim Anblick dieses kleinbürgerlichen Interieurs empfindet und wie er es mit den herrlichen Dingen vergleicht, die er in Museen und Kathedralen gesehen hat. Er beneidet die Finanzleute, die sich nur inmitten schöner Einrichtungsgegenstände bewegen, in Zimmern, wo alles, bis zu Kaminzange und Türknauf, ein Kunstwerk ist.

Um seiner häuslichen Mittelmäßigkeit zu entfliehen, verläßt der junge Mann die Wohnung, und weil er den Zug nach Holland oder Italien nicht nehmen kann, geht er in den Louvre, um sich an herrlichen, wundervollen Bildern zu berauschen: von Palästen à la Veronese, Häfen à la Claude Lorrain und Fürsten à la van Dyck.

Angerührt von seinem Dilemma, versuchte Proust, das Leben des jungen Mannes dadurch zu verändern, daß er ihn nicht etwa schnurstracks in die Säle mit den Gemälden Claude Lorrains und Veroneses eilen ließ, sondern ihn in einen ganz anderen Teil des Museums führte, in die Säle mit den Werken Jean-Baptiste Chardins.

Eine Wahl, die auf den ersten Blick vielleicht ein wenig sonderbar anmutet, da es auf Chardins Bildern weder Häfen noch Fürsten oder Paläste zu sehen gibt. Er interessierte sich mehr für Obstschalen, Töpfe, Kaffeekannen, Brotlaibe, Messer, volle Weingläser und Fleisch. Er malte lieber Küchenutensilien, und zwar nicht nur hübsche Konfektdosen, sondern vor allem Salzfässer und Schaumlöffel. Und auch die Menschen auf Chardins Bildern vollbringen nur selten Heldentaten; der eine liest ein Buch, der andere baut ein Kartenhaus, eine Frau kommt mit Broten vom Markt, und eine Mutter weist ihre Tochter auf die Fehler in deren Handarbeit hin.

Doch trotz seiner alltäglichen Themen und Motive wecken Chardins Bilder ungemein lebendige Assoziationen. Seine Pfirsiche sind pausbäckig und rosarot wie Putten, ein Teller Austern oder eine Zitronenscheibe verlockende Symbole für Sinnlichkeit und Völlerei. Ein Rochen, aufgeschlitzt an einem Haken baumelnd, vermengt die Lust auf ein Schlemmermahl mit dem eigenartigen Zauber der Stille und der Stürme des Meeres, deren furchteinflößender Zeuge er einst war. Seine Innereien, gefärbt von rotem Blut, von blauen Nervensträngen und weißen Muskeln, sind wie das Schiff einer buntfarbigen Kathedrale.

Selbst zwischen Gegenständen besteht vollkommene Harmonie; auf einem Bild herrscht fast schon Freundschaft zwischen den rötlichen Farben des Kaminschirms, des Wollknäuels und des Strangs. Diese Gemälde sind Fenster zu einer Welt, die uns vollkommen vertraut und zugleich unglaublich verführerisch erscheint.

Durch diese Begegnung mit Chardin hoffte Proust, seinen traurigen jungen Mann zu einem Sinneswandel bewegen zu können.

> Und wenn er geblendet wäre von der opulenten Malerei dessen, was er Mittelmäßigkeit genannt hat, von dieser köstlichen Malerei eines Lebens, das er ungenießbar fand, das er für kleinlich hielt, würde ich ihm sagen: ›Sie sind glücklich?‹

Warum sollte er glücklich sein? Weil Chardin ihm gezeigt hatte, daß die bescheidenen Verhältnisse, in denen er lebte, für einen Bruchteil des Geldes denselben Zauber zu entfalten vermochten, den er bislang nur mit Fürsten und Palästen in Verbindung gebracht hatte. Nie wieder werde er das schmerzliche Gefühl verspüren, von einem ästhetischen

Universum ausgeschlossen zu sein, nie wieder elegante Bankiers um ihre vergoldeten Kaminzangen und diamantbesetzten Türknäufe beneiden. Er werde lernen, daß auch Metall und Steingut ihren Reiz haben und gewöhnliches Geschirr ebenso schön sein könne wie ein Edelstein. Nachdem er sich Chardins Werke angesehen habe, werde ihn selbst die düsterste Kammer der elterlichen Wohnung in helles Entzücken versetzen, versprach Proust:

> Beim Gang durch eine Küche (werden Sie) sagen: Das ist bemerkenswert, das ist großartig, das ist schön wie ein Chardin.

Nach der Niederschrift des Essays versuchte Proust, Pierre Mainguet, einen Redakteur der Kunstzeitschrift *Revue Hebdomadaire*, dafür zu interessieren.

> Ich habe soeben eine kleine kunstphilosophische Studie – falls diese Bezeichnung nicht zu hoch gegriffen ist – fertiggestellt, in der ich zu zeigen versuche, wie uns die großen Maler beibringen, die uns umgebende Welt kennen und lieben zu lernen, wie sie uns eigentlich erst »die Augen öffnen«. In dieser Studie versuche ich am Beispiel der Werke Chardins aufzuzeigen, wie sie unser ganzes Leben beeinflussen und unsere armseligsten Tage mit Zauber und Weisheit erfüllen, indem sie uns in das Geheimnis des Lebens im Stilleben einweihen. Glauben Sie, daß ein solcher Essay die Leser der *Revue Hebdomadaire* interessieren könnte?

Vielleicht, doch da ihr Redakteur die Frage strikt verneinte, bekamen sie gar nicht erst Gelegenheit, das selbst herauszufinden. Die Ablehnung des Textes war ein nur allzu verständlicher Fehler: Man schrieb das Jahr 1895, und Mainguet konnte nicht wissen, daß aus Proust eines Tages *der* Proust werden sollte. Zudem grenzte die Moral von Prousts Essay ans Lächerliche. Es fehlte nicht viel, und er hätte ernsthaft behauptet, daß alles, selbst die schrumpligste Zitrone, schön sei, daß es zu Neid und Eifersucht nicht den geringsten Anlaß gebe, daß eine armselige Hütte ebenso gut sei wie eine Villa und ein Smaragd nicht besser als ein angeschlagener Teller.

Doch statt uns dazu zu ermuntern, allen Dingen *denselben* Wert beizumessen, verfolgte Proust vielleicht das sehr viel interessantere Ziel, uns beizubringen, ihren *wahren* Wert zu erkennen und somit bestimmte Vorstellungen vom angenehmen Leben zu revidieren, aufgrund derer wir manche Dinge mit ungerechtfertigter Geringschätzung betrachten und anderen mit unangemessener Begeisterung begegnen. Hätte Pierre Mainguet Prousts Text nicht abgelehnt, hätten die Leser der *Revue Hebdomadaire* Gelegenheit erhalten, ihr Schönheitsempfinden in Frage zu stellen und eine neue, womöglich lohnendere Beziehung zu Salzfässern, Geschirr und Äpfeln zu entwickeln.

Warum hatte ihnen diese Beziehung bislang gefehlt? Warum wußten sie ihr Obst und ihr Tafelzubehör bislang nicht zu schätzen? Solche Fragen erübrigen sich auf den ersten Blick von selbst; es scheint nur *natürlich*, daß wir manche Dinge schön finden und andere uns kalt lassen. Der Antwort auf die Frage, was uns optisch anspricht, liegt kein bewußter Denkprozeß, keine bewußte Entscheidung zugrunde; wir wissen einfach, daß uns ein Palast verlockender erscheint als eine Küche, Porzellan vornehmer als Keramik und Guaven appetitlicher als Äpfel.

Dennoch sollten wir uns von der Unmittelbarkeit unseres ästhetischen Empfindens nicht zu der Annahme verleiten lassen, daß es etwa auf neutralen Wertmaßstäben beruhe und sein Urteil unwiderruflich sei. In seinem Brief an Monsieur Minguet wies Proust unmißverständlich darauf hin. Wenn er schrieb, daß große Maler die Gabe besäßen, uns die Augen zu öffnen, wollte Proust damit sagen, daß unser Schönheitsempfinden durchaus wandlungsfähig sei und von Malern sensibilisiert werden könne, die uns – durch ihre Werke – beibringen, bislang vernachlässigte ästhetische Qualitäten schätzen zu lernen. Daß der unzufriedene junge Mann Geschirr und Obst der Eltern nicht zu würdigen wußte, liegt zu einem nicht geringen Teil an seiner mangelnden Erfahrung mit Bildern, die ihm deren Reiz erschlossen hätten.

Große Maler können uns die Augen öffnen, weil sie selber einen Blick für bestimmte Aspekte der visuellen Erfahrung haben, für das Spiel des Lichts auf einer Löffelspitze, das weiche Tuch einer Tischdecke, die Samthaut eines Pfirsichs, den rosigen Teint eines Greises. Überspitzt könnte man die Geschichte der bildenden Kunst als eine Folge von Genies darstellen, welche bestrebt sind, uns auf verschiedene Elemente hinzuweisen, die unser Augenmerk verdienen, eine Reihe von Malern, die ihre immensen technischen Fähigkeiten dazu benutzen, Fragen zu stellen wie: »Sind diese Hinterhöfe in Delft nicht wunderschön?« oder: »Ist die Seine vor den Toren von Paris nicht hübsch?« Und, wie Chardin, der Welt und besonders einigen unzufriedenen jungen Männern mitzuteilen: »Seht nicht nur die Campagna di Roma, den Karneval von Venedig und die stolze Miene Karls I. hoch zu Roß, sondern seht auch die Schüssel auf der Anrichte, den toten Fisch in der Küche und die knusprigen Brote auf dem Flur.«

Das Vergnügen, das wir empfinden, wenn wir ein zweites Mal hinsehen, steht im Mittelpunkt von Prousts Therapie, es zeigt, daß unsere Unzufriedenheit vielleicht eher daher rührt, daß wir unser Leben aus dem falschen Blickwinkel betrachten, als daher, daß mit ihm etwas nicht stimmt. Die Schönheit knuspriger Brote zu bewundern, schließt unser Interesse an einem Château nicht aus, doch wer diese Schönheit nicht bemerkt, muß sich die Frage stellen lassen, ob er überhaupt etwas zu sehen vermag. Die Kluft zwischen dem, was der unzufriedene junge Mann in seiner Wohnung sah, und dem, was Chardin in ganz ähnlichen Interieurs erblickte, legt den Akzent auf eine bestimmte Sichtweise der Dinge und nicht auf bloßen Erwerb und Besitzanhäufung.

Der junge Mann aus dem Chardin-Essay von 1895 ist nicht die einzige Figur Prousts, die unglücklich ist, weil sie nicht sehen kann. Er hat vieles mit einem anderen unzufriedenen Helden Prousts gemein, der etwa achtzehn Jahre später das Licht der Welt erblickte. Sowohl der junge Kunstliebhaber als auch der Erzähler der *Suche nach der verlorenen Zeit* leiden unter Depressionen und leben in einer grauen, uninteressanten Welt, als sie von einer Vision gerettet werden, die ihnen diese Welt erstmals in ihren wahren, erstaunlich strahlenden Farben präsentiert und ihnen zum Bewußtsein bringt, wie lange sie die Augen vor ihr verschlossen haben

– der einzige Unterschied besteht darin, daß die eine dieser strahlenden Visionen aus den Sälen des Louvre stammt und die andere aus einer Boulangerie.

Was das Backwerk anbetrifft, so schildert Proust, wie sein erkälteter Erzähler an einem Winternachmittag zu Hause sitzt, als seine Mutter in sein Zimmer kommt und ihm vorschlägt, er solle, entgegen seiner Gewohnheit, eine Tasse Lindenblütentee zu sich nehmen. Er lehnt erst ab, besinnt sich dann aber aus unerfindlichen Gründen eines Besseren. Zum Tee läßt seine Mutter ihm eine Madeleine servieren, ein dickes, ovales kleines Sandtörtchen, das aussieht, als habe man es in der gefächerten Schale einer Jakobsmuschel gebacken. Der verschnupfte Erzähler bricht, bedrückt durch den trüben Tag und die Aussicht auf den traurigen folgenden, ein Stückchen ab, tunkt es in den Tee und trinkt einen Schluck, als etwas Seltsames geschieht:

> In der Sekunde nun, als dieser mit dem Kuchengeschmack vermischte Schluck Tee meinen Gaumen berührte, zuckte ich zusammen und war wie gebannt durch etwas Ungewöhnliches, das sich in mir vollzog. Ein unerhörtes Glücksgefühl, das ganz für sich allein bestand und dessen Grund mir unbekannt blieb, hatte mich durchströmt. Mit einem Schlage waren mir die Wechselfälle des Lebens gleichgültig, seine Katastrophen zu harmlosen Mißgeschicken, seine Kürze zu einem bloßen Trug unserer Sinne geworden … Endlich fühlte ich mich nicht mehr mittelmäßig, hilflos, sterblich.

Um welche Sorte Madeleine handelte es sich? Um dieselbe, die seine Tante Léonie jeden Sonntag in ihren Tee tunkte und dem Erzähler anbot, wenn er das Schlafzimmer in ihrem Haus in dem Provinzstädtchen Combray betrat, wo er als kleiner Junge mit seiner Familie die Ferien zu verbringen pflegte, und ihr einen guten Morgen wünschte. Der Erzähler kann sich, wie an so vieles aus seinem Leben, nur undeutlich an seine Kindheit erinnern, und das, woran er sich entsinnt, erscheint ihm reizlos und uninteressant. Was nicht heißt, daß seine Kindheit tatsächlich trist und öde war, sondern daß er sie einfach nur vergessen hat – und diese Erinnerungslücke schließt jetzt die Madeleine. Durch eine Laune der Natur versetzt ein Stück Gebäck, das er seit seinen Kindertagen nicht mehr gegessen hat und mit dem sich daher auch keine späteren Assoziationen verbinden, ihn in seine Zeit in Combray zurück und erschließt ihm eine Fülle köstlicher und ganz persönlicher Erinnerungen. Mit einem Mal erscheint ihm seine Kindheit weitaus schöner als zuvor, und mit neu gefundenem Staunen erinnert er sich an das alte graue Haus von Tante Léonie und mit dem Haus an ganz Combray und seine Umgebung, den Platz, auf den man ihn vor dem Mittagessen schickte, die Kirche, die Straßen, die Blumen in Léonies Garten und die Seerosen auf der Vivonne. Und dabei erkennt er den Wert dieser Erinnerungen, die ihn zu dem Roman inspirieren, den er schließlich erzählen wird und der in gewissem Sinne einen einzigen langen, kontrollierten »Proustschen Moment« darstellt, weil er über dieselbe Sensibilität und dieselbe sinnliche Direktheit verfügt.

Das Erlebnis mit der Madeleine heitert den Erzähler auf, weil es ihm zu der Erkenntnis verhilft, daß nicht sein *Leben* mittelmäßig war, sondern das *Bild*, das er sich in der Erinnerung davon gemacht hat. Dies ist eine der zentralen Proustschen Unterscheidungen und für ihn von ebenso großer therapeutischer Bedeutung wie für den jungen Chardin-Betrachter.

> Ich begriff daraufhin, daß man das Leben mittelmäßig finden konnte, obwohl es in gewissen Augenblicken so schön erschien, weil man es in diesem Fall nach allem anderen, nur nicht gemäß ihm selbst – nach Bildern, die nichts mehr von ihm enthielten – kritisierte und abschätzig beurteilte.

Solch armselige Bilder erwachsen aus unserem Unvermögen, einen Ort oder Vorgang richtig zu erfassen und uns im nachhinein an seine Realität zu erinnern. Laut Proust fällt es uns leichter, lebhafte Bilder unserer Vergangenheit heraufzubeschwören, wenn wir unbewußt auf sie gestoßen werden, wie zum Beispiel durch den Geschmack einer Madeleine, einen längst vergessenen Duft oder einen alten Handschuh, als wenn wir sie bewußt und intellektuell zu evozieren versuchen:

> Das bewußte Gedächtnis, das Gedächtnis der Intelligenz und der Augen, geben uns von der Vergangenheit nur ungenaue Faksimila wieder, die mit ihr keine größere Ähnlichkeit haben als die Bilder schlechter Maler mit dem Frühling usw. ... so daß wir das Leben nicht schön finden, weil wir es nicht *in die Erinnerung zurückrufen*, – kaum aber nehmen wir einen Duft von früher wahr, wie sind wir dann plötzlich berauscht! und ebenso glauben wir die Toten nicht mehr zu lie-

ben, aber nur deshalb, weil wir sie uns nicht ins Gedächtnis zurückrufen; sehen wir aber plötzlich einen alten Handschuh wieder, brechen wir in Tränen aus.

Einige Jahre vor seinem Tod bat man Proust um eine Liste seiner acht französischen Lieblingsbilder im Louvre (in den er seit fünfzehn Jahren keinen Fuß mehr gesetzt hatte). Seine zögerliche Antwort: *L'Embarquement* oder *L'Indifférent* von Watteau, drei Gemälde von Chardin: ein Selbstporträt, ein Porträt seiner Frau und *Nature morte*, Manets *Olympia*, ein Renoir oder *La barque du Dante* von Corot oder auch seine *Cathédrale de Chartres* und schließlich *Le printemps* von Millet.

Nun wissen wir, was Proust unter einer gelungenen Darstellung des Frühlings verstand, die für ihn die typischen Eigenschaften dieser Jahreszeit vermutlich ebenso eindrücklich wachzurufen vermochte wie das unbewußte Gedächtnis ein Detail aus der Vergangenheit. Doch was bannt ein guter Maler auf die Leinwand, das den Bildern eines weniger begabten Künstlers fehlt, mit anderen Worten, was unterscheidet das bewußte vom unbewußten Gedächtnis? Die Antwort lautet: »Nicht sehr viel«, oder doch erstaunlich wenig. Die Ähnlichkeit zwischen guten und schlechten Darstellungen des Frühlings ist auf den ersten Blick verblüffend. Schlechte Maler können exzellente Handwerker sein, die Wolken, Blattknospen und Wurzeln mit großem Geschick und noch größerer Detailtreue abbilden und dennoch außerstande sind, jene flüchtigen Elemente einzufangen, die den besonderen Reiz des Frühlings ausmachen. So sind sie zum Beispiel nicht in der Lage, die rosige Umrandung eines Blütenkelchs, die scharfen Schatten regenschwangerer Wolken auf einem sonnenbeschienenen Feld, die knorrigen Knötchen in der Rinde eines Baumes oder die zarte, aufkeimende Schönheit von Blumen am Wegesrand darzustellen und uns vor Augen zu führen – winzige Einzelheiten, keine Frage, letztlich jedoch die einzigen Dinge, auf denen unsere Wahrnehmung des Frühlings und unsere Begeisterung für diese Jahreszeit beruht.

Dementsprechend sind die Unterschiede zwischen unbewußtem und bewußtem Gedächtnis zwar geringfügig, aber entscheidend. Auch bevor er von dem legendären Tee und der Madeleine kostete, war der Erzähler natürlich nicht ohne Erinnerung an seine Kindheit, er hatte keineswegs vergessen, wo in Frankreich er als kleiner Junge die Ferien zu verbringen pflegte (Combray oder Clermont-Ferrand?), wie der Fluß hieß (Vivonne oder Varone?) und bei welcher Tante er gewohnt hatte (Léonie oder Lily?). Und doch waren diese Erinnerungen farblos und ohne Leben, weil ihnen das Pendant zu den Finessen des talentierten Malers fehlte, ein Bewußtsein für das Licht, das am Nachmittag über den Marktplatz von Combray fiel, für den Geruch in Tante Léonies Schlafzimmer, für die Feuchtigkeit der Luft an den Ufern der Vivonne, für den Klang der Gartenglocke und den Duft frischen Spargels auf dem Mittagstisch – Details, die nahelegen, daß die Madeleine nicht etwa eine bloße *Erinnerung*, sondern einen Augenblick der *Wertschätzung* ausgelöst hat.

Warum wissen wir die Dinge nicht richtig zu schätzen? Nicht, weil wir faul oder unaufmerksam wären, sondern weil wir viel zu selten schönen Bildern ausgesetzt sind, die unserer Welt so nahe kommen, daß sie uns zur Orientierung und Inspiration dienen könnten: Der junge Mann in Prousts Essay war unzufrieden, weil seine Kenntnisse der Kunstgeschichte sich auf Veronese, van Dyck und Claude Lorrain beschränkten, die ihm fremde Welten präsentierten, und weil er Chardin nicht kannte, dessen Hinweis auf die Schönheit seiner eigenen Küche er so dringend nötig hatte. Dieser Mangel ist offensichtlich durchaus weit verbreitet. Sosehr sich manche großen Künstler auch bemühen, uns die Augen für die Schönheiten der Welt zu öffnen, sie können uns doch nicht bewahren vor einer Flut wenig dienlicher Bilder, die uns – ohne böse Absicht und häufig sogar mit größter Kunstfertigkeit – vorgaukeln, daß zwischen unserem Leben und dem Universum der Schönheit eine deprimierende Kluft besteht.

Als Kind verspürt Prousts Erzähler das heftige Verlangen, an die See zu fahren. Er stellt sich vor, wie schön es wäre, in die Normandie zu reisen, insbesondere in einen Badeort namens Balbec, von dem er viel gehört hat. Bedauerlicherweise hegt er gefährlich antiquierte Vorstellungen vom Leben am Meer, die aus einem Buch über die mittelalterliche Gotik stammen könnten. Er träumt von einer in ein dichtes Dunst- und Nebelkleid gehüllten Küste, gepeitscht von wutschäumender See, er träumt von abgelegenen Kirchen, schroff, steil und zerklüftet wie jäh aufragende Klippen, deren Türme vom klagenden Geschrei der Möwen und dem ohrenbetäubenden Geheul des Windes widerhallen. In seiner Phantasie ist die Normandie bevölkert von den Nachkommen des stolzen, alten Stammes der Kimmerier, der laut Homer in einem geheimnisvollen Land lebt, in dem ewige Finsternis herrscht.

Diese Vorstellung von maritimer Schönheit erklärt das Unbehagen des Erzählers bei seiner Ankunft in Balbec, einem typischen Seebad des frühen zwanzigsten Jahrhunderts, voller Restaurants, Geschäfte, Automobile und Motorräder. Die Leute gehen schwimmen oder paradieren mit Sonnenschirmen über die Uferpromenade, es gibt ein Grandhotel mit einem luxuriösen Foyer, Fahrstuhl, Pagen und einem riesigen Speisesaal, dessen Panoramafenster eine herrliche Aussicht bietet – auf eine spiegelglatte See in strahlendem Sonnenschein.

Nur daß der von der mittelalterlichen Gotik besessene Erzähler, der sich so sehr auf die steilen Klippen, die schreienden Möwen und den heulenden Wind gefreut hatte, die Aussicht, die Ferien hier verbringen zu müssen, ganz und gar nicht herrlich findet.

Seine Enttäuschung illustriert die entscheidende Bedeutung, die Bildern bei der Wertschätzung unserer Umgebung zukommt, und nicht zuletzt auch das Risiko, mit den falschen Bildern im Kopf in die Ferien zu fahren. Zwar haben Phantasien von Klippen und schreienden Seemöwen durchaus ihren Reiz, doch ziehen sie zwangsläufig Probleme nach sich, wenn sie sechshundert Jahre hinter der Wirklichkeit unseres Urlaubsortes zurückbleiben.

Obgleich sich für den Erzähler eine besonders tiefe Kluft zwischen seiner tatsächlichen Umgebung und seinem Schönheitsideal auftut, ist ein gewisses Maß an Diskrepanz für das moderne Leben wohl typisch. Aufgrund des raschen technologischen und architektonischen Wandels stoßen wir immer wieder auf Situationen und Gegenstände, für die es noch keine entsprechenden Bilder gibt und die in uns deshalb die Sehnsucht nach einer anderen, versunkenen Welt entstehen lassen, die zwar nicht von Natur aus schöner ist, uns jedoch oftmals so erscheint, weil diejenigen, die uns die Augen öffnen und das Sehen beibringen, sie so häufig abgebildet haben. Wir laufen Gefahr, eine umfassende Abneigung gegen das moderne Leben zu entwickeln, das unter Umständen zwar durchaus seine Vorzüge besitzt, dem aber die entscheidenden Bilder fehlen, welche uns helfen könnten, diese zu erkennen.

Als wahrer Segen für den Erzähler und seinen Ferienaufenthalt erweist sich der Maler Elstir, der ebenfalls in Balbec weilt und sich seine eigenen Bilder schafft, statt sich auf alte Bücher zu verlassen. Er malt Genreszenen: Frauen in Baumwollkleidern, Yachten auf See, Häfen, Meerespanoramen und eine nahe gelegene Pferderennbahn. Eines Tages bittet Elstir den Erzähler in sein Atelier. Als er das Bild der Rennbahn sieht, gesteht der Erzähler schüchtern ein, daß er noch nie den Drang verspürt habe, ein Pferderennen zu besuchen, was nicht weiter erstaunt, da er sich ausschließlich für tosende Wellen und schreiende Möwen interessiert. Doch Elstir hält dieses Urteil für vorschnell und hilft ihm, ein zweites Mal hinzusehen. Er lenkt seine Aufmerksamkeit erst auf einen Jockey, der trübselig und grau in seinem leuchtenden Dress vor dem Sattelplatz steht und ein bockendes Pferd zügelt, und dann auf die höchst elegante Erscheinung der Frauen, die am Renntag im Wagen eintreffen oder den Feldstecher an die Augen heben, gebadet in eine Flut von feuchtem, beinahe holländischem Licht, das einen die Kälte des Wassers spüren läßt.

Der Erzähler hat bislang jedoch nicht nur Rennbahnen, sondern auch die Küste gemieden. Wenn er das Meer betrachtete, hielt er sich die Finger vor die Augen, um alle modernen Schiffe zu verdecken, die im Vorüberfahren seinen Versuch vereiteln könnten, das Meer in seinem Urzustand zu erblicken, oder doch zumindest so, wie es in der griechischen Frühzeit aussah. Elstir befreit ihn ein zweites Mal von einer seltsamen Gewohnheit und lenkt sein Augenmerk auf die Schönheit einer Segelyacht. Er schwärmt von ihrer simplen, einheitlichen Form, von ihrem hellen Grau, das bei bedecktem, ins Bläuliche spielendem Himmel einen cremefarbenen Einschlag hat. Er erzählt von den Frauen an Bord, die sich, sehr reizvoll, in weiße Baumwoll- oder Leinenkleider hüllen, die in der Sonne und vor dem azurnen Hintergrund des Meeres das geradezu strahlende Weiß eines geblähten Segels annehmen.

Die Begegnung mit Elstir und dessen Bildern gibt dem Erzähler Gelegenheit, seine Vorstellung von maritimer Schönheit auf den neuesten Stand zu bringen und dadurch seinen Urlaub zu retten.

> [Mir] ging ... auf, daß Regatten und sportliche Veranstaltungen, bei denen vornehm gekleidete Damen im seegrünen Licht einer dem Meere nahen Rennbahn baden, für einen modernen Künstler ebenso interessante Motive abgeben können wie für Veronese oder Carpaccio die Feste, die sie so gern geschildert haben.

Dieser Vorfall zeigt erneut, daß man Schönheit suchen muß und sie einem nicht von selbst begegnet, daß sie uns zwingt, bestimmte Einzelheiten wahrzunehmen, das Weiß eines Baumwollkleides zu bemerken, den Widerschein des Wassers am Rumpf einer Yacht oder den Kontrast zwischen dem Dress eines Jockeys und der Farbe seiner Haut. Er zeigt auch, wie anfällig für Depressionen wir sind, wenn die Elstirs dieser Welt es vorziehen, zu Hause zu bleiben und die Flut vorgefertigter Bilder versiegt, wenn unser Kunstverstand sich auf die Zeit von Carpaccio (1450–1525) und Veronese (1528–1588) beschränkt und wir eine zweihundert PS starke Sunseeker aus dem Yachthafen schießen sehen. Zwar handelt es sich dabei ohne Frage um ein eher unansehnliches Exemplar der Gattung Wasserfahrzeug; dennoch hegen wir vielleicht nur deshalb eine so heftige Abneigung gegen das Schnellboot, weil wir hartnäckig an althergebrachten Schönheitsidealen festhalten und uns einer aktiven Form der Wertschätzung verweigern, um die sich wohl selbst Veronese und Carpaccio bemüht hätten.

Die Bilder, die uns umgeben, sind jedoch oft nicht nur veraltet, sondern auch von trügerischer Opulenz. Wenn Proust uns drängt, die Welt unvoreingenommen zu betrachten, führt er uns immer wieder den Wert bescheidener Szenen vor Augen. Chardin eröffnet uns die Schönheit von Salzfässern und Töpfen, die Madeleine verzaubert den Erzähler, weil sie Erinnerungen an eine bürgerliche Kindheit in ihm weckt, Elstir malt nichts Erhabeneres als Häfen und Baumwollkleider. Für Proust ist diese Bescheidenheit eines der Hauptkriterien von Schönheit:

> Wahre Schönheit ist tatsächlich das einzige, was den Vorstellungen einer übertrieben romantischen Phantasie niemals entsprechen kann … Welche Enttäuschungen hat sie nicht verursacht, seit sie den Massen der Menschen erschien! Eine Frau will sich ein Mei-

sterwerk anschauen, so bewegt, wie wenn sie einen Fortsetzungsroman zu Ende lesen, eine Kartenlegerin konsultieren, ihren Geliebten erwarten würde. Indessen sieht sie in einem nicht sehr hellen Zimmer einen versonnenen Mann am Fenster sitzen. Sie wartet einen Augenblick, um zu sehen, ob nicht noch etwas erscheinen wird, wie auf den Transparenten in den Boulevards. Und mag ihr die Heuchelei auch den Mund verschließen, so sagt sie sich in der Tiefe ihres Herzens: »Was, *das* soll *Der Philosoph* von Rembrandt sein?«

Ein Philosoph, dessen Interesse selbstredend verhalten, subtil, leise ist … Zusammengenommen ergibt all das eine ganz eigene, demokratische und gar nicht snobistische Auffassung von Schönheit, stets in Reichweite eines bürgerlichen Einkommens und ohne eine Spur von Dünkel oder Aristokratie.

Das mag zwar anrührend sein, verträgt sich aber nur schwer mit der unwiderlegbaren Tatsache, daß auch Proust bisweilen zu Opulenz und Luxus neigte und sein Verhalten oft im krassen Gegensatz zum Geiste von Chardin und Rembrandts *Philosoph* stand. Die Anklagepunkte lauten wie folgt:

– *In seinem Adreßbuch seien klangvolle Namen zu finden*

Obwohl in bürgerlichen Verhältnissen aufgewachsen, hatte Proust unverhältnismäßig viele adlige Freunde und Bekannte mit Namen wie Duc de Clermont-Tonnerre, Comte Gabriel de La Rochefoucauld, Comte Robert de Montesquiou-Fezensac, Prince Edmond de Polignac, Comte Philibert de Salignac-Fénelon, Prince Constantin de Brancovan oder Princesse Alexandre de Caraman-Chimay.

– *Er gehe ständig ins Ritz*

Obgleich man ihn zu Hause gut versorgte, seine Haushälterin eine meisterliche Köchin und sein Speisezimmer für eine Tischgesellschaft wie geschaffen war, aß Proust immer wieder auswärts und lud seine Freunde ins Ritz an der Place Vendôme, wo er ihnen ein festliches Mahl kredenzen ließ, zweihundert Prozent Trinkgeld gab und Champagner aus Flötengläsern schlürfte.

– *Er besuche zu viele Soiréen*

So viele, um genau zu sein, daß André Gide, damals Lektor bei Gallimard, Prousts Roman mit der literarisch einleuchtenden Begründung ablehnte, dies sei das Werk eines manischen Salonlöwen. Oder wie er es später formulierte: »Für mich waren Sie nach wie vor der Mann, der die Häuser der Mesdames X, Y, Z frequentierte, der Mann, der für den *Figaro* schrieb. Ich hielt Sie – soll ich's gestehen? – … für einen Snob, für einen geckenhaften Dilettanten.«

Proust hatte eine ehrliche Antwort parat. Jawohl, er habe dem Luxus gefrönt, die Häuser der Mesdames X, Y, und Z besucht und sich die Zuneigung sämtlicher Aristokraten erworben, die ihm dort begegnet seien (Aristokraten, die seinerzeit denselben Glanz verströmten, den später Filmstars haben sollten, weshalb es nicht den geringsten Anlaß gibt, uns selbstgerecht auf die Schulter zu klopfen, nur weil wir uns nie für Herzöge und Grafen interessiert haben).

Entscheidend ist jedoch der Schluß dieser Geschichte, denn Proust mußte erkennen, daß der Glanz bei näherem Hinsehen schnell verblaßte. Er besuchte Mme Ys Soiréen, schickte Mme Z Blumen und machte sich bei Prince Constantin de Brancovan lieb Kind, nur um am Ende festzustellen, daß er einer Lüge aufgesessen war. Die glanzvollen Bilder, die ihn die Nähe von Aristokraten hatten suchen lassen, stimmten mit der Wirklichkeit des aristokratischen Lebens einfach nicht überein. Ihm wurde klar, daß er besser beraten war, wenn er zu Hause blieb und sich statt mit der Princesse Caraman-Chimay mit seiner Haushälterin unterhielt.

Prousts Erzähler durchlebt ein ganz ähnliches Auf und Ab von Hoffnung und Enttäuschung. Anfangs fühlt er sich von der Aura der Guermantes nachgerade magisch angezogen und stellt sich den Duc und die Duchesse als einem höheren Geschlecht angehörig vor, durchdrungen von der Poesie ihres alten Namens, der zurückreicht bis zu den frühesten, edelsten Familien Frankreichs, in eine ferne Vergangenheit noch vor dem Bau der Kathedralen von Paris und Chartres. In seiner Phantasie sind sie umwoben vom mystischen Dunkel der Merowingerzeit, sie erinnern ihn an Jagdszenen auf mittelalterlichen Gobelins und erscheinen ihm so übermenschlich und erhaben wie die Figuren in einem Buntglasfenster. Er träumt davon, wie herrlich es wäre, mit der Duchesse in ihrem prächtigen herzoglichen Park voller Blumen, Bäche und Brunnen auf Forellenfang zu gehen.

Als er die Guermantes dann schließlich kennenlernt, versteht er die Welt nicht mehr. Denn sie sind nicht etwa übermenschlich und erhaben, sondern unterscheiden sich, außer durch einen erklecklichen Mangel an Geschmack und Urteilskraft, in nichts von anderen Leuten. Der Duc ist ein primitiver, grausamer, vulgärer Mensch, seine Frau neigt eher zu Spott und Sticheleien als zur Aufrichtigkeit, und ihre Gäste, die der Erzähler sich bislang wie die Apostel in der Sainte-Chapelle vorgestellt hat, tauschen nichts als Klatsch und Belanglosigkeiten aus.

Solch katastrophale Begegnungen mit Aristokraten könnten uns dazu bewegen, das Interesse an sogenannten hochgestellten Persönlichkeiten aufzugeben, die sich beim Kennenlernen als vulgäre Parasiten erweisen. Vielleicht sollten wir von dem snobistischen Wunsch, in besseren Kreisen zu verkehren, Abstand nehmen und statt dessen wacker unser Schicksal tragen.

Man könnte jedoch auch zu einem anderen Schluß gelangen. Vielleicht sollten wir, statt gänzlich darauf zu verzichten, die Menschen in Kategorien einzuteilen, unsere Fähigkeit vervollkommnen, ebendies zu tun. Die Vorstellung von einer kultivierten Aristokratie ist zwar nicht grundsätzlich falsch, aber gefährlich unkompliziert. Natürlich wimmelt es auf der Welt nur so von »besseren Menschen«, doch es wäre optimistisch anzunehmen, daß man sie an ihrem Nachnamen erkennt. Dies zu glauben, weigert sich der Snob beharrlich und vertraut statt dessen auf die strikte Trennung der Gesellschaftsschichten, deren Angehörige stets eindeutig erkennbare Eigenschaften besitzen. Obwohl manche Aristokraten diesen Erwartungen gewiß entsprechen, werden die meisten von ihnen doch die einnehmenden Qualitäten des Duc de Guermantes aufweisen, da der Begriff »Aristokratie« schlicht und ergreifend ein zu grob gestricktes Netz ist, als daß er so willkürlich verteilter Eigenschaften wie Tugend oder Kultiviertheit habhaft werden könnte. Zwar mag es durchaus einen Menschen geben, der die allzu hoch gespannten Erwartungen erfüllt, die der Erzähler in den Duc gesetzt hat, doch könnte diese Person ebensogut in der überraschenden Gestalt eines Elektrikers, Kochs oder Rechtsanwalts auftreten.

Damit mußte sich schließlich auch Proust abfinden. Gegen Ende seines Lebens antwortete er einer gewissen Mme Sert, die ihm in einem Brief die unverblümte Frage gestellt hatte, ob er ein Snob sei:

> Unter den wenigen Freunden, die mich aus alter Gewohnheit nach wie vor besuchen, um sich nach meinem Wohlergehen zu erkundigen, findet sich zwar hier und da auch noch ein Herzog oder Fürst, dies aber wird reichlich aufgewogen durch andere Freunde, wie zum Beispiel einen Kammerdiener und einen Chauffeur ... Ich weiß nicht, wem von ihnen ich den Vorzug geben soll. Kammerdiener sind gebildeter als Herzöge und sprechen das bessere Französisch, andererseits sind sie mehr auf Etikette bedacht, komplizierter und empfindsamer. Aber im Grunde nehmen sie sich nicht viel. Der Chauffeur ist distinguierter.

Auch wenn Mme Sert diese Ausführungen vielleicht für übertrieben hielt, die Moral lag auf der Hand: daß Eigenschaften wie Bildung und Beredsamkeit keinem vorhersehbaren Muster folgen und man die Menschen deshalb nicht in einfache Kategorien einteilen kann. Ebenso wie Chardin dem traurigen jungen Mann demonstriert hatte, daß Schönheit nicht immer dort zu finden ist, wo man sie erwartet, erinnerte der Kammerdiener, der ein so makelloses Französisch sprach, Proust (vielleicht aber auch nur Mme Sert) daran, daß Kultiviertheit nicht zwangsläufig an das Bild gebunden ist, das man sich von ihr macht.

Der Reiz eindimensionaler Bilder liegt in ihrer mangelnden Mehrdeutigkeit. Bevor er mit Chardins Gemälden in Berührung kam, konnte der traurige junge Mann sich in dem Glauben wiegen, daß ein kleinbürgerliches Interieur von Natur aus minderwertiger sei als ein Palast, und somit eine simple Gleichung zwischen Palästen und Zufriedenheit aufstellen. Bevor er einen Aristokraten kennenlernte, konnte Proust darauf vertrauen, daß es eine ganze Schicht von »besseren Menschen« gab, und den Umgang mit ihnen mit einem erfüllten gesellschaftlichen Leben gleichsetzen. Wie viel schwieriger ist es da doch, großbürgerliche Küchen, langweilige Prinzen und Chauffeure, die distinguierter sind als Herzöge, in diese Rechnung einzubeziehen. Eindimensionale Bilder bieten Gewißheit; so versichern sie uns beispielsweise, daß großer finanzieller Aufwand ein Garant für Freude und Vergnügen sei:

> [Es gibt] Leute, die im Grunde nicht ganz gewiß sind, ob das Schauspiel des Meeres und das Geräusch der Brandung denn eigentlich so köstlich seien, [und] sich von der erlesenen Qualität ihrer rein ideellen Freuden dadurch überzeugen, daß sie für hundert Francs am Tage ein Hotelzimmer mieten, das es ihnen erlaubt, in diesen Genuß zu kommen.

Ebenso gibt es Leute, die zunächst zwar nicht recht wissen, ob jemand intelligent ist oder nicht, von den intellektuellen Fähigkeiten dieses Jemand aber sofort überzeugt sind, wenn er ins vorherrschende Bild eines intelligenten Menschen paßt und über eine ordentliche Schulbildung, Fachwissen und einen akademischen Grad verfügt.

Solche Leute hätten ohne weiteres erkannt, daß Prousts Haushälterin strohdumm war: Sie war der felsenfesten Überzeugung, daß Napoleon und Bonaparte zwei verschiedene Personen seien, und weigerte sich standhaft, Proust zu glauben, als er ihr das Gegenteil versicherte. Dennoch hielt Proust sie für genial (»Es ist mir nicht gelungen, ihr ein wenig Rechtschreibung beizubringen, und sie hat nie die Geduld aufgebracht, auch nur eine halbe Seite von mir zu lesen«). Damit soll nicht etwa die ebenso snobistische wie abwegige These vertreten werden, daß Bildung an sich nutzlos und die Bedeutung der europäischen Geschichte – vom Frieden von Campo Formio bis zur Schlacht bei Waterloo – auf eine sinistre Akademikerverschwörung zurückzuführen sei; es soll vielmehr heißen, daß die Kenntnis gekrönter Häupter und eine halbwegs ordentliche Rechtschreibung nicht unbedingt auf die Existenz dessen schließen lassen, was man gemeinhin Intelligenz zu nennen pflegt.

Albertine hat nie einen Kurs in Kunstgeschichte besucht. In Prousts Roman sitzt sie an einem Sommernachmittag auf einer Hotelterrasse in Balbec und unterhält sich mit Mme de Cambremer, deren Schwiegertochter, einem befreundeten Anwalt und dem Erzähler. Plötzlich schwingen sich draußen auf See einige Möwen, die eben noch träge auf dem Wasser schwammen, mit lautem Kreischen in den Himmel.

»Ich liebe diese Vögel sehr, ich habe in Amsterdam welche gesehen«, sagt Albertine. »Sie riechen das Meer, sie spüren es selbst durch das Straßenpflaster hindurch.«

»Ah! Sie sind in Holland gewesen, kennen Sie die Vermeers?« fragt Mme de Cambremer.

Albertine verneint. Sie kenne sie bedauerlicherweise nicht, und Proust setzt uns in einem Nebensatz davon in Kenntnis, daß Albertine dem noch bedauerlicheren Irrglauben erlegen ist, bei den Vermeers handele es sich um eine niederländische Familie und nicht um Gemälde im Rijksmuseum.

Zum Glück fällt ihre kunsthistorische Bildungslücke nicht weiter auf; man stelle sich Mme de Cambremers Entsetzen vor, hätte sie Albertines Fauxpas bemerkt. Da sie selbst im Zweifel ist, wie man sich Kunstwerken gegenüber zu verhalten habe, schreibt sie den äußeren Anzeichen des Kunstverstandes, wie alle Kunstsnobs, unangemessene Bedeutung zu. Ebenso wie dem Gesellschaftssnob, der außerstande ist, seine Mitmenschen unvoreingenommen zu beurteilen, ein Titel und ein guter Ruf als einzige Kriterien für Rang und Ansehen gelten, klammert sich der Kunstsnob verzweifelt an das Wissen als Ersatz für echten Kunstverstand – obwohl Albertine nur ein zweites Mal, mit offenen Augen, nach Amsterdam zu reisen brauchte, um zu entdecken, was ihr bei ihrem ersten Aufenthalt entgangen ist. Womöglich würde sie Vermeer sogar mehr abgewinnen können als Mme de Cambremer, weil sie dank ihrer Naivität vermutlich eher zu einem aufrichtigen Urteil fähig ist als die de Cambremer in ihrer übertriebenen Achtung vor der Kunst, die ironischerweise dazu führt, daß sie ein Gemälde ebenso betrachtet wie eine holländische Großbürgerfamilie, deren Bekanntschaft zu machen eine Ehre ist.

Die Moral? Daß auch das Brot auf der Anrichte unsere Wertschätzung verdient, daß wir nicht den Frühling, sondern den Maler zum Teufel wünschen sollten und lernen müssen, nicht der Erinnerung, sondern dem Gedächtnis zu mißtrauen; daß wir unsere Erwartungen nicht allzu hoch spannen dürfen, wenn wir dem Comte de Salignac-Fénelon-de-Clermont-Tonnerre begegnen, und uns nicht an Rechtschreibfehlern oder abweichenden Darstellungen der französischen Geschichte stören sollten, wenn wir auf einen Menschen mit weniger klangvollem Namen treffen.

8

WIE MAN IN DER LIEBE GLÜCKLICH WIRD

FRAGE: *Würde man Proust in Herzensangelegenheiten tatsächlich um Rat bitten?*

ANTWORT: Vielleicht – auch wenn auf den ersten Blick vieles dagegen spricht. In einem Brief an Gide legte er seine umfangreichen Referenzen dar:

> [Obwohl ich] unfähig bin, für mich selbst etwas zu erreichen, auch nur das kleinste Übel von mir abzuwenden, [habe ich] schon so manches Mal die Kraft in mir verspüren dürfen (und gewiß ist das meine einzige Gabe), den anderen Glück zu bringen, Kummer zu ersparen. Ich habe nicht allein Gegner, sondern sogar Liebende wieder miteinander versöhnt, ich habe Kranke geheilt, während ich mein eigenes Leiden nur immer schlimmer machen konnte, ich habe Faule zum Arbeiten gebracht und bin es dabei doch selbst geblieben ... Die Eigenschaften (und ich sage Ihnen das ganz schlicht, mit der Versicherung, daß ich im übrigen eine recht bescheidene Vorstellung von meinen Kräften habe), welche mir diese Möglichkeiten geben, anderen erfolgreich zu helfen, sind wohl, neben einer gewissen diplomatischen Begabung, die Fähigkeit, mich selbst zu vergessen, und die Neigung, nur an das Wohl meiner Freunde zu denken; Eigenschaften, die man selten in einem Menschen beisammen finden mag ... während ich mein Buch schrieb, hatte ich das Gefühl, daß, wenn Swann mich gekannt und sich meiner hätte bedienen können, ich durchaus

imstande gewesen wäre, ihm Odettes Liebe zu verschaffen.

FRAGE: *Swann und Odette?*
ANTWORT: Man sollte die Mißgeschicke einzelner fiktiver Figuren nicht unbedingt mit einer allgemeinen Prognose ihres Erfinders hinsichtlich menschlicher Zufriedenheit gleichsetzen. Da sie in einem Roman gefangen sind, wären sie schließlich die einzigen, denen es nicht vergönnt ist, aus seiner Lektüre therapeutischen Nutzen zu ziehen.

FRAGE: *Glaubte er an die Unvergänglichkeit der Liebe?*
ANTWORT: Nein, eigentlich nicht, aber schuld daran ist nicht die Liebe selbst, sondern vielmehr die generelle Schwierigkeit, eine erfüllte Beziehung zu einem ständig anwesenden Menschen oder Objekt aufrechtzuerhalten.

FRAGE: *Welche Schwierigkeit?*
ANTWORT: Nehmen wir zum Beispiel etwas nicht ganz so Emotionsbeladenes wie das Telefon. Bell erfand es im Jahre 1876. Um 1900 gab es in Frankreich etwa dreißigtausend Telefonanschlüsse. Proust war einer der ersten Kunden (Tel. 29205) und fand besonderen Gefallen an einer Einrichtung namens »Theater-Telefon«, die es ihm ermöglichte, die Aufführungen der Pariser Opernhäuser und Theater von seinem Bett aus zu verfolgen.

Er wußte sein Telefon durchaus zu schätzen, aber es entging ihm nicht, wie rasch die anderen es als Selbstverständlichkeit hinnahmen. Schon 1907 schrieb er, der Apparat sei

> ein übernatürliches Instrument, dessen Wunderwirkung man ehemals bestaunte und das man heute ganz

gedankenlos gebraucht, um den Schneider zu beordern oder Eis zum Nachtisch zu bestellen.

Mehr noch, wenn die Leitung der Confiserie besetzt war und sie den Schneider nicht erreichten, lobten sie nicht etwa den technischen Fortschritt, der die Erfüllung ihrer anspruchsvollen Wünsche verhindert hatte, sondern reagierten undankbar wie ein verzogenes Balg:

> Und da wir Kinder sind, die mit den heiligen Kräften spielen, ohne vor ihrem Geheimnis zu erschauern, finden wir bloß, das Telefon sei »bequem«, oder eher, da wir verwöhnte Kinder sind, »unbequem«, [und] füllen den *Figaro* mit unseren Klagen …

Nur einunddreißig Jahre lagen zwischen Bells Erfindung und Prousts traurigen Bemerkungen über die mangelnde Wertschätzung des Telefons in Frankreich. Aus einem Wunderwerk der Technik, das achtungsvolle Blicke auf sich zog, war binnen wenig mehr als drei Jahrzehnten ein Gebrauchsgegenstand geworden, den wir bedenkenlos verfluchen würden, hätten wir seinetwegen eine geringfügige Unannehmlichkeit wie ein verspätetes *glace au chocolat* auf uns zu nehmen.

Dies wirft ein bezeichnendes Licht auf die Probleme – und mögen sie noch so alltäglich sein –, die sich uns in den Weg stellen bei dem Versuch, uns der ewigen oder doch zumindest lebenslangen Wertschätzung unserer Mitmenschen zu versichern.

FRAGE: *Wie lange darf sich ein normaler Mensch der vollen Wertschätzung seines Gegenübers erfreuen?*

ANTWORT: Oft nicht einmal eine Viertelstunde. Als Junge sehnt sich Prousts Erzähler nach der Freundschaft der wunderschönen, lebhaften Gilberte, die er beim Spielen auf den Champs-Élysées kennengelernt hat. Schließlich erfüllt sich sein Traum, Gilberte wird seine Freundin und lädt ihn regelmäßig zu sich nach Hause ein. Dort serviert sie ihm Tee und Kuchen, liest ihm jeden Wunsch von den Augen ab und behandelt ihn mit großer Zuneigung.

Er ist überglücklich, doch dieses Glücksgefühl läßt schnell und merklich nach. Die Vorstellung, von Gilberte zu Tee und Kuchen eingeladen zu werden, war wochenlang nichts weiter als ein ferner, trügerischer Traum, aber schon nach einer Viertelstunde in ihrem Salon ist es die Zeit, als er sie noch nicht kannte, als sie ihn noch nicht mit Zuneigung überschüttete, die ihm urplötzlich fern und trügerisch erscheint.

Daraus resultiert zwangsläufig eine gewisse Blindheit gegenüber ihren Gunstbezeugungen; er wird schon bald vergessen, *wofür* er dankbar zu sein hat, weil die Erinnerung an ein Leben ohne Gilberte verblassen wird, und damit auch sein Bewußtsein für die Annehmlichkeiten der Gegenwart. Gilbertes Lächeln, ihre Warmherzigkeit und das Aroma ihres Tees werden irgendwann zu einem derart festen Bestandteil seines Lebens, daß er sie ebensowenig bemerken wird wie so allgegenwärtige Dinge wie Bäume, Wolken und das Telefon.

Der Grund für dieses Versäumnis besteht darin, daß der Erzähler, wie wir alle, ein Gewohnheitstier ist und deshalb dazu neigt, das Vertraute geringschätzig zu betrachten.

> Wir nehmen nur das wirklich wahr, was neu ist, was unseren Empfindungen unvermittelt einen deutlich

anderen Charakter gibt und von der Gewohnheit noch nicht durch einen matten Abklatsch ersetzt worden ist.

FRAGE: *Warum stumpft die Gewohnheit den Menschen ab?*
ANTWORT: Die Antwort auf diese Frage gibt uns eine eher beiläufige Bemerkung Prousts über Noah und die Arche.

> Als kleiner Junge hielt ich Noah für die bedauernswerteste aller biblischen Gestalten, weil ihn die Sintflut vierzig Tage lang in seiner Arche gefangenhielt. Später war ich häufig krank und mußte ebenfalls viele Tage in meiner »Arche« verbringen. Da begriff ich, daß Noah die Welt niemals besser hätte wahrnehmen können als von seiner Arche aus, auch wenn diese fensterlos war und Nacht auf Erden herrschte.

Wie konnte Noah die Welt wahrnehmen, während er mit einem schwimmenden Zoo in einer fensterlosen Arche saß? Obwohl wir für gewöhnlich davon ausgehen, daß die visuelle Wahrnehmung eines Gegenstands des Blickkontakts bedarf und wir, um einen Berg sehen zu können, in die Alpen fahren und die Augen öffnen müssen, ist dies vielleicht nur der erste und in gewissem Sinne unbedeutendere Schritt des Sehens, da wir einen Gegenstand eigentlich nur dann richtig zu würdigen imstande sind, wenn wir ihn vor unserem geistigen Auge wiedererstehen lassen.

Wenn wir, nachdem wir einen Berg betrachtet haben, die Lider schließen und seinen Anblick innerlich Revue passieren lassen, erfahren wir nach und nach seine wichtigsten Details, die Flut visueller Informationen wird gefiltert, die hervorstechendsten Merkmale des Berges werden identifiziert: die Granitgipfel, die Gletscherspalten, der Nebel über der Baumgrenze; Details, die wir zuvor zwar *gesehen*, aber nicht unbedingt *wahrgenommen* haben.

Obwohl Noah bereits sechshundert Jahre alt war, als Gott die Erde überflutetete, und demnach ausreichend Zeit hatte, seine Umwelt zu betrachten, bot ihm der Umstand, daß sie ständig präsent war, daß sie sein Blickfeld quasi permanent beherrschte, wenig Anreiz, sie vor seinem geistigen Auge wiedererstehen zu lassen. Warum sollte er sich einen Busch einprägen, wo er doch immer und überall von Büschen umgeben war?

Ganz anders stellte sich die Situation nach zwei Wochen in der Arche dar. Voller Sehnsucht nach seiner alten Umgebung, die anzuschauen ihm nun verwehrt war, versuchte Noah zweifellos, Erinnerungen an Büsche, Bäume und Berge heraufzubeschwören, und nahm diese so zum ersten Mal in seinen sechshundert Lebensjahren richtig wahr.

Dies legt den Schluß nahe, daß die physische Präsenz eines Gegenstands der Wahrnehmung desselben im Wege steht. Seine Präsenz ist vielleicht sogar der eigentliche Grund dafür, daß wir ihn übersehen oder ignorieren, weil wir davon ausgehen, durch die bloße Aufnahme des Blickkontakts unser Soll bereits erfüllt zu haben.

FRAGE: *Demnach sollten wir uns also ab und zu in eine Arche sperren lassen?*

ANTWORT: Das würde jedenfalls dazu beitragen, daß wir unserer Umwelt, insbesondere aber unserem Partner, mehr Beachtung schenken. Deprivation schlägt rasch in Wertschätzung um, was jedoch nicht heißen soll, daß wir Mangel leiden *müssen*, um etwas angemessen würdigen zu können, sondern daß wir aus unserer natürlichen Reaktion auf einen Mangel eine Lehre ziehen und diese auch unter Normalbedingungen beherzigen sollen.

Daß die dauerhafte Beziehung zu einem Partner so häufig Langeweile und das Gefühl erzeugt, die betreffende Person zu gut zu kennen, liegt ironischerweise daran, daß wir sie nicht gut genug kennen. Denn während diese mangelnde Kenntnis den anfänglichen Reiz einer Beziehung ausmacht, verleiten uns die fortwährende physische Präsenz des Partners und das tägliche Einerlei des Zusammenlebens oftmals zu der irrigen Annahme, daß wir zu einer ebenso tiefgehenden wie reizlosen Vertrautheit gefunden haben; wobei es sich in der Regel um ein falsches Gefühl der Vertrautheit handelt, das durch die physische Präsenz noch verstärkt wird und mit dem auch Noah sechshundert Jahre lang die Welt betrachtete, ehe ihn die Sintflut eines Besseren belehrte.

FRAGE: *Hatte Proust zum Thema Rendezvous etwas zu sagen? Worüber spricht man beim ersten Rendezvous? Und ist es ratsam, Schwarz zu tragen?*

ANTWORT: Gute Ratschläge sind bei Proust spärlich gesät. Viel entscheidender war für ihn die Frage, ob man sich überhaupt zum Essen einladen lassen sollte:

> Bestimmt sind die Reize einer Person weniger häufig ein Anlaß zur Liebe als etwa ein Satz wie der folgende: »Nein, heute abend bin ich nicht frei.«

Diese Antwort ist deshalb so faszinierend, weil hier, wie im Falle Noahs, eine direkte Verbindung zwischen Deprivation und Wertschätzung hergestellt wird. Auch wenn ein

Mensch noch so viele Eigenschaften besitzt, bedarf es eines gezielten Anreizes, um das Interesse eines Freiers zu wecken, eines Anreizes, der in der schroffen Ablehnung einer Essenseinladung, dem beziehungstechnischen Pendant zu vierzig Tagen auf See, seine Vollendung findet.

Proust illustriert die Vorzüge des Wartens am Beispiel der Wertschätzung von Kleidern. Sowohl Albertine als auch die Duchesse de Guermantes interessieren sich für Mode. Nur hat Albertine sehr wenig Geld, und der Duchesse gehört halb Frankreich. Deshalb platzen die Schränke der Duchesse aus allen Nähten; wenn sie etwas sieht, das ihr gefällt, läßt sie den Damenschneider kommen, und ihren Wünschen wird im Handumdrehen entsprochen. Albertine hingegen kann sich kaum etwas leisten und dreht jeden Pfennig zweimal um, ehe sie sich etwas kauft. Sie verbringt Stunden damit, Kleider zu betrachten oder von einem bestimmten Mantel, Hut oder Morgenrock zu träumen.

Die Folge ist, daß Albertine zwar weitaus weniger Kleider besitzt als die Duchesse, diese jedoch weitaus höher schätzt, achtet und *liebt*:

> Wie jedes Hindernis, das sich dem Besitz entgegenstellt ... [schenkt] die Armut, großherziger als der Überfluß, den Frauen viel mehr ... als nur die Kleider, die sie sich nicht kaufen können: nämlich das Verlangen danach, das erst eine wirkliche, ins einzelne gehende und in die Tiefe reichende Kenntnis davon verleiht.

Proust vergleicht Albertine mit einem Kunstbeflissenen, der die Bilder, auf deren Anblick in Dresden oder Wien er so begierig ist, bereits kennt, die Duchesse hingegen erinnert ihn an jene Besucher, denen ein Museumsbesuch, da ihm kein Verlangen vorausgegangen ist, nur ein Gefühl der Verwirrung, der Ermüdung und der Langeweile verschafft.

Daran sieht man deutlich, daß der physische Besitz nur einen Teil der Wertschätzung ausmacht. Das Glück der Reichen, nach Lust und Laune verreisen oder sich ein Kleid kaufen zu können, das sie in einem Katalog gesehen haben, ist zugleich ihr Fluch, weil ihr Reichtum es ihnen erlaubt, sich ihre Wünsche auf der Stelle zu erfüllen. Kaum steht ihnen der Sinn nach Dresden, sitzen sie auch schon im Zug, kaum sehen sie ein Kleid, hängt es auch schon in ihrem Schrank. Im Gegensatz zu ihren weniger privilegierten Zeitgenossen erhalten sie somit gar nicht erst Gelegenheit, die Durststrecke zwischen Wunsch und Befriedigung zu überwinden, die allen Widrigkeiten zum Trotz einen unschätzbaren Vorzug besitzt: Sie bietet uns die Chance, uns in Dresdner Gemälde, Hüte, Morgenröcke und einen Menschen zu verlieben, der heute abend nicht frei ist.

FRAGE: *War er gegen Sex vor der Ehe?*
ANTWORT: Nein, nur gegen Sex vor der Liebe. Und das nicht etwa aus Gründen der Moral, sondern weil er es für unklug hielt, mit jemandem zu schlafen, dessen Liebe man zu wecken sucht:

> Die etwas schwierigen Frauen, die man nicht sofort besitzt, von denen man zunächst nicht einmal weiß, ob man sie je besitzen wird, [sind] die einzig interessanten.

FRAGE: *Wirklich?*

ANTWORT: Natürlich können auch andere Frauen faszinierend sein, das Problem ist nur, daß sie – nach allem, was wir von der Duchesse de Guermantes über die Folgen des allzu leichten Erwerbs schöner Dinge gelernt haben – Gefahr laufen, nicht so zu *wirken*.

Nehmen wir zum Beispiel Prostituierte, Frauen, die sozusagen rund um die Uhr verfügbar sind. Als junger Mann war Proust ein zwanghafter Onanist, und zwar in einem solchen Maße, daß sein Vater ihn bedrängte, ein Bordell aufzusuchen, um sich von diesem, im neunzehnten Jahrhundert als äußerst gefährlich geltenden Zeitvertreib abzulenken. In einem freimütigen Brief an seinen Großvater beschreibt der sechzehnjährige Marcel den Verlauf dieses Besuches:

> Ich brauchte so dringend eine Frau, um endlich die schlechte Gewohnheit des Masturbierens abzulegen, daß Papa mir 10 Francs fürs Bordell gab. Aber 1. habe ich vor lauter Aufregung den Nachttopf zerbrochen – 3 Francs –, 2. konnte ich dann wegen ebendieser Aufregung nicht ficken. Ich habe also nichts erreicht und hoffe stündlich auf weitere 10 Francs, die mir Erleichterung verschaffen, und 3 Francs für den Nachttopf.

Doch der Ausflug ins Bordell war nicht nur oberflächlich ein Desaster; er offenbarte darüber hinaus ein grundsätzliches Problem der Prostitution. Prousts Theorie des Begehrens zufolge befindet sich die Prostituierte in einem ausweglosen Dilemma: Einerseits möchte sie einen Mann verführen, andererseits halten kommerzielle Erwägungen sie davon ab, zu tun, was ohne weiteres seine Liebe wecken könnte, nämlich ihm zu sagen, daß sie heute abend nicht frei ist. Sie mag noch so intelligent und attraktiv sein, dennoch darf sie keinen Zweifel daran lassen, daß er sie körperlich besitzen wird. Da das Ergebnis von vornherein feststeht, ist echtes, dauerhaftes Begehren so gut wie ausgeschlossen.

> Wenn die Kokotten ... so wenig Anziehungskraft für uns besitzen, so nicht deswegen, weil sie weniger schön wären als die anderen, sondern weil sie von vornherein schon zu unserer Verfügung stehen, weil sie uns förmlich entgegentragen, was wir erst erreichen wollen.

FRAGE: *Dann war er also davon überzeugt, daß es Männern nur um Sex geht?*

ANTWORT: Da müssen wir genauer unterscheiden. Die Prostituierte offeriert einem Mann, was er zu begehren *glaubt*, sie bietet ihm eine Illusion des Begehrens, die verhindert, daß Liebe überhaupt erst entsteht. Um auf die Duchesse zurückzukommen: Sie bringt ihren Kleidern nicht etwa deshalb mangelnde Wertschätzung entgegen, weil sie weniger schön wären als andere, sondern weil der *physische Besitz* so einfach ist, was sie zu dem Trugschluß verleitet, daß sie alles hat, was sie begehrt, und sie daran hindert, die einzige Form von Besitz zu praktizieren, die in Prousts Augen Gültigkeit besitzt, nämlich den *imaginären Besitz* (das gedankliche Verweilen bei den Einzelheiten des Kleides, dem Faltenwurf des Stoffes, der Webart), eine Besitzform, die Albertine gezwungenermaßen praktiziert, weil sie auf den physischen Kontakt verzichten muß.

FRAGE: *Das heißt, er hielt nicht viel von Sex?*

ANTWORT: Er war lediglich der Meinung, den Menschen fehle ein entsprechender Körperteil, um den Geschlechtsakt richtig vollziehen zu können. In Prousts Augen ist es schlichtweg unmöglich, jemanden körperlich zu lieben. Wegen der Prüderie seiner Zeit beschränkte er seine Überlegungen auf die enttäuschende Erfahrung des Küssens.

> Der Mensch, ein offenbar weniger rudimentäres Geschöpf als der Seeigel oder sogar der Walfisch, [entbehrt] dennoch ein paar wesentliche Organe … [so besitzt er] beispielsweise keines … das zum Küssen dient. Dies fehlende Organ ersetzt er durch die Lippen und kommt dadurch vielleicht zu einem befriedigenderen Ergebnis, als wenn ihm zur Liebkosung der Angebeteten nichts anderes zur Verfügung stünde als ein knochiger Hauer. Die Lippen aber, die dafür gemacht sind, dem Gaumen den Geschmack verlockender Dinge zuzuführen, müssen sich, ohne den Irrtum zu begreifen und sich ihre Enttäuschung einzugestehen, damit begnügen, auf der Oberfläche umherzutappen und sich an der Verschlossenheit der undurchdringlichen, begehrten Wange zu stoßen.

Warum küssen wir? Zunächst einmal, um das angenehme Gefühl genießen zu können, das wir empfinden, wenn eine mit Nervenenden durchsetzte Hautpartie auf ein weiches, feuchtes, lockendes Pendant trifft. Doch die Hoffnungen, die wir an einen ersten Kuß knüpfen, gehen in der Regel weit darüber hinaus. Denn wir suchen nicht nur einen Mund, sondern den ganzen geliebten Menschen festzuhalten und zu verschlingen. Mit dem Kuß hoffen wir, zu einer höheren Besitzform zu gelangen; die Sehnsucht, die der Geliebte in uns weckt, verspricht zu schwinden, wenn wir nur endlich unsere Lippen auf die seinen pressen dürfen.

Für Proust hingegen kann ein Kuß, obwohl er zweifellos ein angenehmes Kribbeln auszulösen vermag, uns niemals ein echtes Gefühl der Liebe und des Besitzens verschaffen.

So ist sein Erzähler ganz vernarrt in Albertine, der er an einem strahlenden Sommertag bei einem Strandspaziergang in der Normandie begegnet ist. Er ist vernarrt in ihre rosigen Wangen, ihr schwarzes Haar, ihren Schönheitsfleck, ihr keckes, selbstbewußtes Auftreten und die Dinge, an die sie ihn erinnert und die seine Sehnsucht wecken: der Sommer, der Duft des Meeres, Jugend. Nach seiner Rückkehr nach Paris besucht ihn Albertine in seiner Wohnung. Anders als am Strand, bei seinem ersten Versuch, sie zu küssen, gibt sie jede Zurückhaltung auf, legt sich neben ihn und schließt ihn in die Arme. Die langerwartete Erlösung scheint in greifbare Nähe gerückt. Insgeheim hatte er gehofft, der Kuß werde ihm Albertine, ihre Vergangenheit, den Strand, den Sommer und die Umstände ihrer Begegnung näherbringen, doch die Realität erweist sich als ein wenig prosaischer. Als sie ihren Mund auf seine Lippen preßt, hat er das Gefühl, von einem knochigen Hauer liebkost zu werden. Wegen ihrer ungeschickten Körperhaltung kann er sie nicht sehen, und seine Nase ist so platt gedrückt, daß er kaum noch Luft bekommt.

Kurz, ein ausgesprochen unbeholfener Kuß, doch indem er seinen enttäuschenden Verlauf in allen Einzelheiten schildert, verweist Proust auf ein generelles Problem bei dieser rein körperlichen Form der Wertschätzung. Der Erzähler erkennt, daß er, ganz gleich, was er mit Albertine auch anstellt – ob er sie auf seinen Schoß zieht, ihr Gesicht mit beiden Händen umfaßt oder sie zärtlich streichelt –, doch immer nur an die verschlossene Hülle eines letztlich ungreifbaren geliebten Menschen rührt.

Das wäre eigentlich nicht weiter schlimm, würden wir nicht fälschlicherweise davon ausgehen, daß der bloße Körperkontakt uns dem Objekt unserer Liebe wirklich nahebringt. Denn so laufen wir Gefahr, unsere Enttäuschsung über einen Kuß dem Desinteresse des Geküßten zuzuschreiben und nicht den natürlichen Grenzen des Küssens.

FRAGE: *Was ist das Geheimnis einer dauerhaften Beziehung?*
ANTWORT: Untreue. Und zwar nicht als körperlicher Akt, sondern als ständige Bedrohung. Für Proust ist eine gesunde Dosis Eifersucht das einzige, was eine durch Gewohnheit abgewirtschaftete Beziehung noch zu retten vermag. Ein goldener Ratschlag für alle, die den fatalen Schritt unternommen haben, eine gemeinsame Wohnung zu beziehen:

> Sobald man ganz und gar mit einer Frau lebt, sieht man nichts mehr von dem, um dessentwillen man sie geliebt hat; [obwohl] zum Beispiel die Eifersucht diese beiden getrennten Elemente [sicherlich] wieder vereinigen [kann].

Trotzdem sind die Figuren in Prousts Roman unfähig, aus ihrer Eifersucht Kapital zu schlagen. Zwar mag die Angst, ihren Partner zu verlieren, ihnen zu der Erkenntnis verhelfen, daß sie dem Betreffenden die nötige Wertschätzung verweigert haben, doch da sie nur die körperliche Form der Zuwendung kennen, beschränken sie sich darauf, die sexuelle Treue zu sichern, was ihnen nur kurzfristig Erleichterung verschafft, bevor sich von neuem Langeweile einstellt. Auf diese Weise geraten sie in einen aufreibenden Teufelskreis; sie begehren jemanden, küssen ihn mit einem knochigen Hauer und langweilen sich dann. Wenn jemand ihre Beziehung bedroht, werden sie eifersüchtig, sind einen Moment hellwach, lassen den knochigen Hauer ein zweites Mal ausfahren und langweilen sich dann aufs neue.

Vom männlich-heterosexuellen Standpunkt aus betrachtet, stellt sich die Situation folgendermaßen dar:

> Wenn wir [sie] zu verlieren fürchten, vergessen wir alle anderen. Doch wenn wir sicher sind, daß wir [sie] behalten werden, vergleichen wir [sie] mit jenen, an denen wir auf der Stelle größere Reize entdecken.

FRAGE: *Was hätte Proust diesem unglücklichen Paar mit auf den Weg gegeben, wenn er Gelegenheit gehabt hätte, die beiden persönlich kennenzulernen und ihnen zu helfen, wie er sich gegenüber André Gide gebrüstet hatte?*
ANTWORT: Er hätte ihnen vermutlich geraten, über Noah nachzudenken und die Welt, die er, in seiner Arche eingesperrt, urplötzlich wahrzunehmen vermochte, sowie über die Duchesse de Guermantes und ihre Schränke voller Kleider, die sie sich nie richtig angesehen hat.

FRAGE: *Und was hätte er Swann und Odette gesagt?*
ANTWORT: Gute Frage – aber das Diktum einer gewissen Mme Leroi, der wahrscheinlich klügsten Figur in Prousts

Roman, läßt sich wohl nicht rundweg ignorieren. Auf die Frage, was sie von der Liebe halte, antwortete sie kurz und knapp:

> »Die Liebe … Ich praktiziere sie oft, rede aber nie darüber.«

9

WIE MAN EIN BUCH AUS DER HAND LEGT

WIE ERNST SOLLEN wir Bücher nehmen? »Lieber Freund«, schrieb Proust einmal an André Gide, »man kann, glaube ich, im Gegensatz zu der Mode einiger unserer Zeitgenossen, eine sehr hohe Vorstellung von der Literatur haben und dabei trotzdem freundlich lächeln.« Die Bemerkung mag beiläufig gewesen sein, ihre Aussage ganz sicher nicht. Für jemanden, der sich mit Haut und Haaren der Literatur verschrieben hatte, demonstrierte Proust ein einzigartiges Bewußtsein für die Risiken, denen man sich aussetzt, wenn man Bücher zu ernst nimmt oder eine unterwürfig-fetischistische Haltung ihnen gegenüber entwickelt, die zwar auf den ersten Blick wie eine Huldigung erscheinen mag, den Geist des literarischen Schaffens jedoch letztlich in sein Gegenteil verkehrt; eine gesunde Einstellung zu den Büchern anderer haben, heißt sowohl ihre Stärken als auch ihre Schwächen erkennen.

I. Die Vorzüge des Lesens

1899 war ein schlimmes Jahr für Proust. Er war achtundzwanzig, hatte nichts aus seinem Leben gemacht, wohnte nach wie vor zu Hause, verdiente keinen Pfennig, war ständig krank und schrieb zu allem Übel seit vier Jahren an einem Roman, mit dem es nicht so recht vorangehen wollte. Im Herbst dieses Jahres verbrachte er seinen Urlaub in dem französischen Luftkurort Évian, und dort las und verliebte er sich in die Werke des englischen Kunstkritikers John Ruskin, der sich mit seinen Schriften über Venedig,

Turner, die italienische Renaissance, die gotische Architektur und die französischen Alpen einen Namen gemacht hatte.

Prousts Begegnung mit Ruskin ist ein Paradebeispiel für die Vorzüge des Lesens. »Das Universum schien mir mit einem Mal wieder unendlich kostbar«, schrieb Proust später; weil Ruskin das Universum ähnlich kostbar schien und er die natürliche Gabe besaß, seine Eindrücke in Worte zu fassen. Ruskin hatte Gedanken zum Ausdruck gebracht, die Proust zwar als die seinen wiedererkannte, selbst jedoch nie so hätte formulieren können; bei Ruskin stieß er auf Empfindungen, deren er sich selbst nie ganz bewußt gewesen war, erhöht und in kunstvolle Sprache gebracht.

Ruskin sensibilisierte Proust für seine Umwelt, für die Architektur, die Kunst und die Natur. In der folgenden Passage schärft Ruskin die Sinne seiner Leser für einige der Dinge, die in einem gewöhnlichen Gebirgsbach vor sich gehen:

> Trifft er auf einen Stein, welcher sich einen Meter hoch aus dem Bett erhebt, so wird er sich häufig weder teilen noch schäumen, noch sich auch nur im mindesten beeindruckt zeigen, sondern scheinbar mühelos und in glattem, kuppelgleichem Schwung darübergleiten, wobei seine außerordentliche Geschwindigkeit an der Oberfläche des Strudels gleichlaufende Linien entstehen läßt, so daß der ganze Strom den Anschein eines tiefen, aufgewühlten Ozeans vermittelt, mit dem einzigen Unterschied, daß Flußwellen sich immer rückwärts brechen und Mee-

reswellen immer vorwärts. So kommt es, daß wir in einem Gewässer, das solch ungeheure Kraft entwickelt hat, die bezauberndsten Muster aus geschwungenen Linien erblicken, welche unablässig die Gestalt wechseln, von konvex zu konkav und umgekehrt, jeder Unebenheit des Bettes mit anschmiegsamer Grazie folgen, all das im Einklang der Bewegung, und somit die wohl herrlichste Ansammlung von anorganischen Formen darstellen, welche die Natur überhaupt hervorzubringen vermag.

Doch Ruskin half Proust, nicht nur die Natur, sondern auch die Schönheit der großen Kathedralen in Nordfrankreich für sich zu entdecken. Nach seiner Rückkehr nach Paris reiste Proust nach Bourges und Chartres, nach Amiens und Rouen. Auf die Frage, was er von Ruskin gelernt habe, verwies Proust später auf eine Passage über die Kathedrale von Chartres in *Die sieben Leuchter der Baukunst*, wo Ruskin eine von mehreren hundert aus dem Stein eines Portals der Kathedrale gehauenen Figuren detailliert beschreibt. Das kaum zehn Zentimeter große Männlein wirkt in seiner Bosheit selbst beunruhigt und verdrießlich, eine Hand liegt fest gegen den Backenknochen gepreßt, und das Fleisch der Wange ist durch den Druck unter den Augen in Falten geschoben.

Für Proust hatte Ruskin allein durch sein Interesse an dem kleinen Mann etwas bewirkt, das nur große Kunst zu leisten vermag: Ruskin hatte gewußt, wie man die Figur betrachten mußte und sie somit für nachfolgende Generationen zum Leben erweckt. Höflich und verschmitzt wie immer, entschuldigte Proust sich bei der kleinen Steinfigur dafür, daß er sie ohne Ruskins Hilfe wohl niemals bemerkt haben würde (»[Ich] wäre nicht stark genug gewesen, unter den Tausenden von Steinen der Städte dich zu finden, deine Gestalt zu unterscheiden, deiner Persönlichkeit zu begegnen, dich zu benennen, dich wiederzubeleben«). Seine Worte waren ein Symbol dafür, was Ruskin für Proust geleistet hatte und was jedes Buch für seine Leser leisten kann, nämlich wertvolle, aber vernachlässigte Aspekte der Erfahrung einer durch Gewohnheit und Unaufmerksamkeit verursachten Erstarrung entreißen und zu neuem Leben erwecken.

Da Ruskin ihn derart beeindruckt hatte, versuchte Proust seine Beziehung zu ihm zu vertiefen, indem er sich der traditionellen Tätigkeit aller Bücherwürmer zuwandte: der literarischen Forschung. Er stellte seine Romanpläne zurück und wurde zum Ruskin-Experten. Als der englische Kritiker im Jahre 1900 starb, widmete er ihm einen Nachruf, dem er mehrere Essays folgen ließ, und machte sich dann an die gewaltige Aufgabe, Ruskin ins Französische zu übersetzen, eine Aufgabe, die um so ehrgeiziger erscheint, als seine Englischkenntnisse derart begrenzt waren, daß er sich, laut seinem Freund Georges de Lauris, in einem englischen Restaurant noch nicht einmal ein Lammkotelett hätte bestellen können. Dennoch gelang es ihm, höchst getreue Übersetzungen von *Sesam und Lilien* und der *Bibel von Amiens* anzufertigen, welche er mit einer Fülle gelahrter Fußnoten versah, die ihn als intimen Ruskin-Kenner auswiesen. Er erledigte diese Arbeit mit der akribischen Präzision eines besessenen Professors, oder um es mit den Worten Marie Nordlingers zu sagen:

> Er arbeitete unter unglaublich unbequemen Bedingungen: Das Bett war mit Büchern und Schriftstücken übersät, die Kissen lagen überall verstreut, der Peddigrohrtisch zu seiner Linken verschwand fast gänzlich unter allerlei Papieren, eine Schreibunterlage hatte er nicht (kein Wunder also, daß man seine Schrift kaum lesen konnte), und auf dem Fußboden lagen ein oder zwei billige Federhalter, die nicht mehr zu gebrauchen waren …

Aufgrund seiner Gelehrsamkeit und seines mangelnden Erfolges als Schriftsteller hoffte Prousts Mutter, er werde vielleicht doch noch eine akademische Laufbahn einschlagen. Nachdem sie hilflos hatte mit ansehen müssen, wie er die besten Jahre seines Lebens an ein Romanprojekt vergeudete, mit dem er nicht vom Fleck kam, stellte sie voller Genugtuung fest, daß ihr Sohn das Zeug zum Wissenschaftler hatte. Proust wußte durchaus um seine Begabung und schien die Meinung seiner Mutter zu teilen:

> In einem Punkt waren Maman und ich uns immer einig: Aus mir hätte nur eines werden können, und das schätzten wir beide so hoch, daß es einiges heißen will – nämlich ein hervorragender Lehrer.

II. Die Grenzen des Lesens

Trotzdem wurde aus Proust natürlich nicht der berühmte Ruskin-Experte und -Übersetzer Professor Proust, was einiges heißen will, wenn man bedenkt, wie gut er sich zum Wissenschaftler und wie schlecht zu fast allem anderen eignete und wie sehr er das Urteil seiner geliebten Mutter schätzte.

Seine Bedenken hätten zaghafter kaum sein können. Er hegte nicht den geringsten Zweifel hinsichtlich der immensen Bedeutung des Lesens und der Forschung und war ohne weiteres in der Lage, seine intensive Beschäftigung mit Ruskin gegen alle vulgären Argumente und für die Unabhängigkeit des Denkens zu verteidigen.

> Mittelmäßige Menschen glauben im allgemeinen, sich solcherart von Büchern leiten zu lassen, die man bewundert, nehme unserem Urteilsvermögen einen Teil seiner Unabhängigkeit. »Was kann es Sie angehen, was Ruskin empfindet: Empfinden Sie selbst.« Eine solche Meinung beruht auf dem psychologischen Irrtum, den alle diejenigen widerlegen können, die sich derart eine spirituelle Disziplin auferlegt haben und verspüren, wie ihre Kraft des Verstehens und Empfindens dadurch unendlich gewachsen, ihr kritischer Sinn aber keineswegs gelähmt ist … Es gibt keine bessere Art, sich bewußt zu werden, was man selbst empfindet, als den Versuch, in sich nachzuschaffen, was ein Meister empfunden hat. In einer solchen tiefgreifenden Bemühung ist es unser eigenes Denken, das wir gemeinsam mit dem seinen zutage fördern.

Doch so überzeugend dieses Plädoyer für das Lesen und die Forschung auf den ersten Blick auch wirken mag, Prousts Bedenken schimmern deutlich durch. Ohne näher auf den durchaus diskussionswürdigen Einwand seiner Widersacher einzugehen, vertritt er die Ansicht, daß wir aus nur einem

Grund lesen sollten; nämlich weder zum Zeitvertreib noch aus Neugier, noch aus flüchtigem Interesse daran, was Ruskin empfunden haben mag, sondern weil es, so wörtlich, »keine bessere Art [gibt], sich bewußt zu werden, *was man selbst empfindet*, als den Versuch, in sich nachzuschaffen, was ein Meister empfunden hat«. Wir sollen die Bücher anderer Leute lesen, um zu lernen, was *wir* empfinden, wir sollen uns unsere eigenen Gedanken machen, auch wenn die Gedanken eines Schriftstellers uns dabei helfen. Ein erfülltes akademisches Leben sollte uns also zu der Erkenntnis führen, daß die Autoren, mit deren Werken wir uns intensiv beschäftigt haben, in ihren Büchern zahlreiche Gedanken formulieren, die auch uns angehen, und daß wir bei der Rezeption anhand von Übersetzung oder Kommentar zugleich ein tieferes Verständnis für entscheidende Aspekte ihres Innenlebens entwickeln.

Und genau das war Prousts Problem, da er der Meinung war, daß ein Buch uns unsere eigenen Empfindungen niemals gänzlich zu Bewußtsein bringen kann. Zwar mag es uns die Augen öffnen, uns sensibilisieren, unser Wahrnehmungsvermögen schärfen, doch irgendwann ist damit Schluß, und das nicht etwa zufällig oder aus heiterem Himmel, sondern zwangsläufig, per definitionem, aus dem einfachen Grund, weil *Autor und Leser zwei verschiedene Personen* sind. Bei jedem Buch kommt früher oder später der Moment, da wir etwas als gewollt, verkrampft oder gezwungen empfinden und uns genötigt sehen, unseren Mentor hinter uns zu lassen und uns unsere eigenen Gedanken zu machen. Proust hatte ungeheuren Respekt vor Ruskin, doch nach sechs Jahren intensivem Textstudium in einem mit Büchern und Papieren übersäten Bett war er es leid, sich an die Worte eines anderen ketten zu lassen, und rief wütend und verzweifelt aus, selbst Ruskins unbestrittene Qualitäten hätten diesen keineswegs daran gehindert, mitunter »dumm, eigenbrötlerisch, enervierend, falsch und lächerlich« zu sein.

Da Proust nicht dazu überging, George Eliot zu übersetzen oder Dostojewski zu kommentieren, hatte er vermutlich eingesehen, daß seine Enttäuschung nicht mit Ruskin zusammenhing, sondern vielmehr die einengende Dimension des Lesens und der Forschung widerspiegelte, was ihm Grund genug war, auf den Professorentitel zu verzichten.

> Und es ist tatsächlich eine der großen und wunderbaren Eigenschaften der schönen Bücher (die uns die zugleich wesentliche und begrenzte Rolle erkennen läßt, die das Lesen in unserm geistigen Leben spielen kann), daß sie für den Autor »Schlußfolgerungen«, für den Leser jedoch »Anreize« heißen können. Wir spüren genau, daß unsere Weisheit dort beginnt, wo die des Autors endet, und wir möchten, daß er uns Antworten gibt, während er uns doch nur Wünsche geben kann ... Das ist der Wert des Lesens, und das ist auch seine Unvollkommenheit. Es hieße dem, was nur ein Anreiz ist, eine zu große Bedeutung geben, wenn man daraus eine Disziplin machte. Das Lesen liegt an der Schwelle des geistigen Lebens; es kann uns darin einführen, aber es ist nicht dieses Leben.

Dennoch war sich Proust sehr wohl bewußt, daß der Irrglaube, Lesen und geistiges Leben seien eins, recht weit verbreitet war, und so verfaßte er eine überaus sorgfältig formulierte Anleitung zum verantwortungsvollen Umgang mit Büchern:

> Solange das Lesen für uns der Initiator ist, dessen Zauberschlüssel uns in der Tiefe unseres Selbst das Tor zu Räumen öffnet, in die wir sonst nicht einzudringen vermocht hätten, ist seine Rolle in unserm Leben heilsam. Gefährlich dagegen wird das Lesen, wenn es, statt uns für das persöhnliche Leben des Geistes wach zu machen, versucht, sich an dessen Stelle zu setzen; wenn die Wahrheit uns nicht mehr als ein Ideal erscheint, das wir nur durch das innere Fortschreiten unseres Denkens und durch die Bemühung unserer Seele verwirklichen können, sondern als etwas Materielles, das auf den Seiten der Bücher abgelagert ist wie ein von andern zubereiteter Honig, den wir nur aus den Regalen der Bibliothek zu nehmen und dann passiv in vollkommener Ruhe des Körpers und des Geistes zu verzehren brauchen.

Da Bücher uns bestimmte Eindrücke und Empfindungen vor Augen führen können, erkannte Proust die lockende Versuchung, die schwierige Aufgabe der Interpretation unseres Lebens zur Gänze leblosen Objekten zu überlassen.

In seinem Roman skizziert Proust, als Beispiel für solch übertriebenes Vertrauen, die Geschichte eines Mannes, der bei der Lektüre von La Bruyères *Les Caractères* auf folgenden Aphorismus stößt:

> Männer wollen häufig lieben, ohne zu wissen, wie ihnen dies glücken könnte, sie suchen die Niederlage,

erleben sie aber nicht und bleiben sozusagen wider Willen frei.

Da der Mann seit Jahren alles daransetzt, von einer Frau geliebt zu werden, die ihn nur unglücklich machen würde, wenn sie ihn tatsächlich liebte, ist der glücklose Freier von dem Aphorismus tief bewegt. Doch statt zu versuchen, seinem Leid und der Gefahr, der er entronnen ist, selbst Ausdruck zu verleihen, liest er ihn immer wieder, überlädt ihn bis an die Grenzen des Möglichen mit Bedeutung, indem er ihm eine Million Worte und die ergreifendsten Erinnerungen seines Lebens unterlegt, und strömt dabei vor Freude über, so wahr und so schön erscheint er ihm.

Obwohl sich in besagtem Aphorismus zweifelsohne zahlreiche Aspekte der Erfahrung dieses Mannes bündeln, suggeriert Proust, daß solch überschwengliche Begeisterung für den Gedanken La Bruyères den Mann von den Besonderheiten seiner eigenen Empfindungen ablenkt. Zwar mag der Aphorismus ihm geholfen haben, einen Teil seiner Geschichte zu begreifen, doch exakt wiedergegeben hat er sie nicht; um sein romantisches Mißgeschick genauer einzufangen, hätte der Satz »Männer wollen häufig *geliebt werden* …« statt »Männer wollen häufig *lieben* …« lauten müssen. Der Unterschied ist zwar gering, aber durchaus typisch für das Phänomen, daß ein Buch manche unserer Empfindungen perfekt zum Ausdruck bringt, während andere dabei auf der Strecke bleiben.

Deshalb sind wir verpflichtet, mit Bedacht zu lesen und die Einblicke, die uns ein Buch vermittelt, dankbar anzunehmen, dabei jedoch keineswegs unsere Unabhängigkeit zu opfern oder die Feinheiten unseres eigenen Liebeslebens zu verhehlen.

Andernfalls laufen wir Gefahr, eine Reihe von Symptomen zu entwickeln, die Proust beim allzu ehrfürchtigen, allzu vertrauensseligen Leser diagnostizierte:

Symptom Nr. 1:
Schriftsteller mit Orakeln zu verwechseln

Als Junge hatte Proust gern Théophile Gautier gelesen. Bestimmte Sätze in Gautiers *Le Capitaine Fracasse* waren ihm so tiefgründig erschienen, daß er sich den Autor als einen außergewöhnlichen, unendlich scharfsinnigen Mann vorstellte, den er am liebsten in allen wichtigen Angelegenheiten um Rat gefragt hätte:

> Ich hätte gern gehabt, daß er, der große Hüter der Wahrheit, mir sagte, was ich nun eigentlich von Shakespeare zu halten hätte, von Saintine, von Sophokles, Euripides oder Silvio Pellico ... Ich hätte mir vor allem gewünscht, daß er mir sagte, ob ich mehr Aussichten hätte, zur Wahrheit zu gelangen, wenn ich meine Sexta wiederholte oder nicht, und wenn ich später Diplomat würde oder Rechtsanwalt am Kassationshof.

Leider fanden sich solch anregende, faszinierende Sätze für gewöhnlich inmitten überaus ermüdender Passagen, in denen sich Gautier zum Beispiel in der endlosen Schilderung eines Châteaus erging und wenig Neigung zeigte, Marcel zu sagen, was er von Sophokles zu halten habe oder ob er lieber in den Auswärtigen Dienst gehen oder die Juristenlaufbahn einschlagen solle.

Was Marcels Karriere betraf, war das vielleicht sogar von Vorteil. Nur weil Gautier zu einem Thema etwas Bedeutendes zu sagen hatte, mußte dies nicht auch bei anderen Themen der Fall sein. Und doch liegt der Gedanke nahe, daß jemand, der auf einem Gebiet sehr bewandert ist, auch in anderen Fragen als Experte gelten darf, ja vielleicht sogar auf *alles* eine Antwort weiß.

Viele der übertriebenen Hoffnungen, die Proust als kleiner Junge in Gautier setzte, wurden später auch in ihn gesetzt. Es gab Menschen, die von ihm allen Ernstes eine Antwort auf die Frage nach dem Sinn des Lebens erwarteten, eine törichte Hoffnung, die vermutlich einzig und allein auf der Lektüre seines Romans beruhte. Die Mitarbeiter des *Intransigeant*, jene exzellenten Journalisten, die auf die aberwitzige Idee verfallen waren, Proust zum Thema globale Vernichtung zu konsultieren, glaubten fest an die orakelhafte Weisheit der Schriftsteller und belästigten Proust wiederholt mit Fragen, die zu beantworten er in ihren Augen wie geschaffen war:

> Wenn Sie aus irgendeinem Grund gezwungen wären, einen handwerklichen Beruf auszuüben, welchen würden Sie wählen, gemäß Ihrer Neigung, Ihrer Eignung und Ihren Fähigkeiten?

»[Ich] würde, glaube ich, Bäcker … Es ist ehrenhaft, den Menschen ihr tägliches Brot zu geben«, antwortete Proust, der nicht einmal einen Toaster zu bedienen wußte, nachdem er geltend gemacht hatte, daß auch die Schriftstellerei ein Handwerk sei. »Sie treffen zwischen handwerklichen und geistigen Berufen eine Unterscheidung, die ich nicht gutheißen kann. Der Geist leitet die Hand« – ein Einwand, den Céleste, zu deren Aufgaben es gehörte, das Klo sauberzuhalten, vermutlich höflich zurückgewiesen hätte.

Eine unsinnige Antwort auf eine unsinnige Frage, zumindest wenn man sie an Prousts Adresse richtete. Was befähigte den Autor der *Recherche*, für arbeitslose Angestellte den Berufsberater zu spielen? Weshalb mutete man den Lesern des *Intransigeant* irreführende Auslassungen über das Bäckerhandwerk zu, noch dazu von einem Mann, der Arbeit nur vom Hörensagen kannte und Brot nicht besonders mochte? Warum stellte man Proust keine Fragen, die in seinen Kompetenzbereich fielen, und überließ alles andere einem qualifizierten Berufsberater?

Symptom Nr. 2: Nach der Lektüre eines guten Buches nicht mehr schreiben zu können

Man könnte das natürlich als Berufskrankheit abtun, doch die Tragweite dieses Symptoms wird schnell klar, wenn wir uns vor Augen führen, daß ein gutes Buch uns auch am selbständigen Denken hindern kann, weil es uns so makellos erscheint, so unendlich viel besser als alles, was wir selbst zu schaffen imstande wären. Kurz, ein Buch kann uns verstummen lassen.

Die Lektüre von Prousts Werk hätte beinahe sogar Virginia Woolf verstummen lassen. Sie liebte seinen Roman, doch sie liebte ihn zu sehr. Er wies zuwenig Mängel auf, eine niederschmetternde Erkenntnis, wenn man Walter Benjamins Einschätzung teilt, daß jemand nur deshalb Schriftsteller wird, weil er kein bereits geschriebenes Buch zu finden vermag, das ihn gänzlich zufriedenstellt. Und Virginia hatte das Problem, daß sie, zumindest eine Zeitlang, glaubte, eines gefunden zu haben.

Marcel und Virginia – Eine kleine Geschichte

Virginia Woolf erwähnt Proust erstmals im Herbst 1919 in einem Brief an Roger Fry. Er weilt in Frankreich, sie in Richmond. Das Wetter ist trübe, der Garten verwahrlost, und sie bittet Fry in einem Nebensatz, ihr doch ein Exemplar von *In Swanns Welt* mitzubringen. Es vergehen drei Jahre, bis sie Proust erneut erwähnt. Sie ist gerade vierzig geworden und hat, trotz der Bitte an Fry, noch immer nichts von Proust gelesen, im Gegensatz zu ihren Nachbarn, die da weniger zimperlich sind. »Alle lesen Proust. Ich lausche stumm ihren Berichten. Es muß ein unvergeßliches Erlebnis sein«, schreibt sie in einem Brief an E. M. Forster, schiebt die Lektüre jedoch immer wieder hinaus, aus Angst, in dem Roman buchstäblich zu ertrinken, den sie eher wie einen Sumpf als wie ein lebloses Objekt aus ein paar hundert von Leim und Faden zusammengehaltenen Seiten zu betrachten scheint: »Ich zögere, mich hineinzustürzen, aus Furcht, hinabgesogen zu werden, in der bangen Erwartung, immer und immer tiefer darin zu versinken und womöglich nie mehr an die Oberfläche zu gelangen.«

Trotzdem wagt sie den Sprung ins kalte Wasser, und die Probleme nehmen ihren Lauf. »Proust weckt meinen Drang, mich auszudrücken, in einem Maße, daß ich es kaum in Worte zu fassen vermag«, schreibt sie an Roger Fry. »›Ach, wenn ich doch nur auch so schreiben könnte!‹ rufe ich aus. Bisweilen versetzt er mich in einen solchen Taumel der Erregung und Erfüllung – es hat nachgerade etwas Sexuelles an sich –, daß ich plötzlich glaube, auch so schreiben zu können, und wenn ich dann zur Feder greife, kann ich es doch nicht.«

Hinter dieser vermeintlichen Lobrede auf die *Suche nach der verlorenen Zeit* verbirgt sich eine weitaus finsterere Prognose über ihre Zukunft als Schriftstellerin. »Proust ist das letzte große Abenteuer«, erklärt sie Fry. »Denn – was soll man danach noch schreiben? ... Endlich ist es jemandem gelungen, das ewig Flüchtige dingfest zu machen ... und es dann auch noch in diese wunderbare, alles überdauernde Form zu gießen. Man muß das Buch aus der Hand legen und ringt nach Atem.«

Trotz dieser Atemnot erkennt Virginia, daß sie *Mrs. Dalloway* noch schreiben muß; nach Fertigstellung des Romans gerät sie kurzzeitig in Hochstimmung bei dem Gedanken, daß sie womöglich ein ordentliches Stück Arbeit abgeliefert hat. »Ich frage mich, ob mir diesmal nicht tatsächlich etwas gelungen ist«, vertraut sie ihrem Tagebuch an, doch ihre Freude währt nur kurz: »Nun ja, an Proust gemessen natürlich nicht, der mich nach wie vor völlig gefangenhält. Das Bemerkenswerte an Proust ist diese Mischung aus extremer Sensibilität und extremer Verbissenheit. Er erspürt noch die schmetterlingshafteste aller Nuancen und erforscht sie bis ins letzte. Er ist zäh wie Leder und vergänglich wie die Pracht eines Schmetterlings. Und er wird mich vermutlich beeinflussen und mich zugleich über jedem Satz von mir verzweifeln lassen.«

Dabei ist Virginia durchaus in der Lage, über ihren Sätzen auch ohne Prousts Hilfe zu verzweifeln. »Habe *Orlando* so satt, daß ich nichts schreiben kann«, notiert sie nach Abschluß des Romans im Jahre 1928 in ihr Tagebuch. »Ich habe eine Woche mit der Fahnenkorrektur verbracht: und bekomme keinen vernünftigen Satz mehr zustande. Meine Geschwätzigkeit ist mir ein Greuel. Warum nur dieser ewige Wortschwall?«

Aber ihre finstere Laune droht sich selbst bei der leisesten Berührung mit dem Franzosen dramatisch zu verschlechtern. In ihrem Tagebuch heißt es weiter: »Nach dem Abendessen greife ich zu Proust und lege ihn gleich wieder beiseite. Das ist der schlimmste Augenblick. Ich möchte mich am liebsten umbringen. Nichts scheint mir mehr lohnend. Alles scheint öde und bedeutungslos.«

Doch statt sich umzubringen, trifft sie die weise Entscheidung, Proust ins Regal zurückzustellen, und schreibt einige Bücher, die weit davon entfernt sind, öde und bedeutungslos zu sein. 1934 schließlich, bei der Arbeit an *Die Jahre*, gibt es erste Anzeichen dafür, daß sie endlich aus dem Schatten Prousts herausgetreten ist. Sie berichtet Ethel Smyth, daß sie wieder angefangen habe, Proust zu lesen, »der natürlich so großartig ist, daß ich nicht einmal zu hoffen wage, es jemals mit ihm aufnehmen zu können ... Jahrelang habe ich gezögert, ihn zu Ende zu lesen; doch jetzt, da ich womöglich bald schon sterben werde ... habe ich wieder damit angefangen und sorge mich nicht mehr um mein armseliges Gestammel. Gott, wie furchtbar schlecht wird mein Buch werden!«

Der Tonfall deutet darauf hin, daß Virginia endlich ihren Frieden mit Proust gemacht hat. Er tummelt sich auf seinem Terrain, sie auf dem ihren. Daß sie von Depression und Selbsthaß zu heiterer Gelassenheit gefunden hat, läßt auf die schleichende Erkenntnis schließen, daß die Leistungen eines Menschen die eines anderen nicht unbedingt schmälern, daß es sich immer lohnt, etwas zu unternehmen, auch wenn es auf den ersten Blick nicht danach aussieht. Proust mochte für vieles die passenden Worte gefunden haben, doch die Unabhängigkeit des Denkens und die Geschichte des Romans waren mit ihm keineswegs zu Ende. Auf sein Buch brauchte kein Schweigen zu folgen, es war genügend Platz für das armselige Gestammel anderer, für *Mrs. Dalloway, Der gewöhnliche Leser, Ein Zimmer für sich allein*, insbesondere aber dafür, was diese Bücher symbolisierten, nämlich die eigene Wahrnehmung.

Symptom Nr. 3:
Den Künstler zum Idol zu erheben

Wir laufen nicht nur Gefahr, Schriftsteller zu überschätzen und uns selbst zu unterschätzen, sondern riskieren auch, den Künstler aus den falschen Gründen zu verehren und dem zu frönen, was Proust das Idolisieren des Künstlers nannte. Im religiösen Kontext steht Idolatrie für die Fixierung auf einen bestimmten Aspekt der Religion – wie zum Beispiel auf ein Götterbild, ein Gesetz oder ein heiliges

Buch –, die uns vom eigentlichen Geist der Religion ablenkt und ihm in vielen Fällen sogar widerspricht.

Proust stellt die These auf, daß es in der Kunst ein strukturell ganz ähnlich gelagertes Problem gebe, wo Götzendiener der Kunst den dargestellten Gegenständen eine geradezu kultische Verehrung entgegenbringen, während sie den Geist der Kunst geflissentlich ignorieren. Zum Beispiel lieben sie die Landschaft eines großen Malers über alles und halten dies bereits für Wertschätzung des Künstlers, sie konzentrieren sich auf die Gegenstände *in* dem Bild statt auf den Geist *des* Bildes – während die Quintessenz von Prousts ästhetischer Haltung in der vermeintlich simplen und deshalb um so bedeutsameren Feststellung zum Ausdruck kommt, daß »die Schönheit eines Bildes nicht von den dargestellten Gegenständen abhängt«.

Proust bezichtigte seinen Freund, den Aristokraten und Dichter Robert de Montesquiou, der Idolisierung des Künstlers, weil der sich freute, wenn er im richtigen Leben auf einen Gegenstand stieß, den ein Künstler dargestellt hatte. Montesquiou geriet ins Schwärmen, wenn eine seiner Freundinnen ein ähnliches Kleid trug wie die Titelheldin von Balzacs Roman *Les Secrets de la Princesse de Cadignan*. Doch weshalb war diese Freude götzendienerisch? Weil Montesquious Begeisterung nichts mit seinem Gefallen an dem Kleid zu tun hatte, sondern einzig und allein auf seinem Respekt vor dem Namen Balzac beruhte. Montesquiou hatte keinerlei persönliche Gründe für sein Gefallen an dem Kleid, er hatte weder die Prinzipien von Balzacs ästhetischer Vision begriffen noch die *allgemeine* Lektion, die in Balzacs Gefallen an diesem *besonderen* Gegenstand latent zum Ausdruck kam. Wenn Montesquiou ein Kleid sah, das Balzac nicht beschrieben hatte, fiel es ihm auch nicht weiter auf – obgleich Balzac und ein geschulter Balzacianer an seiner Stelle zweifelsohne in der Lage gewesen wären, die Vorzüge eines jeden Kleides angemessen zu beurteilen.

Symptom Nr. 4:
Der Versuchung zu erliegen, in ein Exemplar von La Cuisine Retrouvée *zu investieren*

Essen nimmt in Prousts Werk eine Vorrangstellung ein; es wird häufig liebevoll beschrieben und genüßlich verspeist. Zu den zahlreichen Gerichten, die Proust seinen Lesern auftischt, gehören unter anderem: Käsesoufflé, Bohnensalat, Forelle mit Mandeln, gegrillte Meerbarbe, Bouillabaisse, Rochen in schwarzer Butter, Rindereintopf, Lamm mit Sauce béarnaise, Bœuf Stroganoff, Pfirsichkompott, Himbeermousse, eine Madeleine, Aprikosentorte, Apfelstrudel, Rosinenkuchen, Schokoladensauce und Schokoladensoufflé.

Der Kontrast zwischen den Dingen, die wir tagtäglich zu uns nehmen, und den Köstlichkeiten, an denen sich Prousts Romanfiguren ergötzen, könnte uns dazu ermuntern, besagte Proustsche Gerichte selbst probieren und genießen zu wollen. In diesen Fall läge es nahe, ein üppig bebildertes Kochbuch mit dem Titel *La Cuisine Retrouvée* zu erwerben, das die von einem Pariser Spitzenkoch zusammengestellten Rezepte zu allen in Prousts Werk erwähnten Gerichten enthält und 1991 erschienen ist (übrigens in demselben Verlag, der für den ähnlich hilfreichen Band *Les Carnets de Cuisine de Monet* verantwortlich zeichnet). Es bietet dem halbwegs talentierten Koch Gelegenheit, dem großen Romancier Tribut zu zollen und unter Umständen ein tieferes Verständnis für Prousts Kunst zu entwickeln. So ermöglicht es dem leidenschaftlichen Proustianer beispielsweise, genau dieselbe Crème au chocolat zuzubereiten, die Françoise dem Erzähler und seiner Familie in Combray servierte.

La crème au chocolat de Françoise

Zutaten: 100 g Blockschokolade, 100 g Puderzucker, ½ l Milch, 6 Eier

Zubereitung: Die Milch zum Kochen bringen. Die zerbröckelte Schokolade hinzufügen, bei schwacher Hitze zergehen lassen und mit einem Holzlöffel glattrühren. Die Eier trennen. Das Eigelb mit dem Zucker schaumig schlagen. Den Backofen auf 130° vorheizen. Die geschmolzene Schokolade vom Herd nehmen, zügig und kräftig mit dem schaumigen Eigelb mischen und durch ein feines Sieb passieren.

Die Flüssigkeit in kleine Auflaufformen (8 cm Δ) füllen, die Förmchen in ein Wasserbad stellen und eine Stunde lang im Backofen leicht kochen lassen. Kalt servieren.

Doch wenn aus dem Rezept erst einmal ein köstliches Dessert geworden ist, könnten wir uns, zwischen zwei Löffeln von Françoise' leckerer Crème au chocolat, fragen, ob dieses Gericht, und damit die gesamte *Cuisine Retrouvée*, Proust tatsächlich Tribut zollt oder ob es nicht doch Gefahr läuft, seine Leser zu ebenjener Sünde anzuhalten, vor der er sie gewarnt hat, nämlich der Idolisierung des Künstlers. Auch wenn Proust an der Idee, ausgehend von seinem Werk ein Kochbuch zu verfassen, sicherlich Gefallen gefunden hätte, stellt sich die grundsätzliche Frage, wie er es sich gewünscht haben würde. Denn folgt man seinen Ausführungen zum Thema Idolatrie des Künstlers, gelangt man zwangsläufig zu der Erkenntnis, daß die einzelnen Gerichte, die er in seinem Roman erwähnt, nichts als anekdotische Fußnoten sind, verglichen mit dem Geist, in dem er sie beschreibt, einem übertragbaren Geist, der mit Françoise' Crème au chocolat oder Madame de Verdurins Bouillabaisse nicht das geringste zu tun hat – und sich ebenso auf eine Schale Müsli, ein Curry oder eine Paella anwenden ließe.

Es besteht die Gefahr, daß *La Cuisine Retrouvée* uns spätestens dann in tiefe Depressionen stürzen wird, wenn es uns nicht gelingt, die richtigen Zutaten für die Crème au chocolat oder den Bohnensalat zu finden, und wir uns genötigt sehen, einen Hamburger zu essen – über den zu schreiben Proust keine Gelegenheit mehr hatte.

Was natürlich nicht in Marcels Absicht lag: Die Schönheit eines Bildes hängt nicht von den dargestellten Gegenständen ab.

Symptom Nr. 5: Der Versuchung zu erliegen, nach Illiers-Combray zu pilgern

Wenn man Chartres mit dem Auto in südwestlicher Richtung verläßt, kommt man durch eine typisch nordeuropäische Agrarlandschaft. Man könnte praktisch überall sein, denn das einzig Bemerkenswerte ist, daß es so flach ist, was jedem Wasserturm oder Getreidesilo, der sich am Horizont über den Scheibenwischern abzeichnet, unverhältnismäßige Bedeutung zukommen läßt. Die Monotonie bietet eine willkommene Abwechslung von den Strapazen des Kulturtourismus und läßt, bis zur Besichtigung der Loire-Schlösser, genügend Zeit, die verhedderte, patentgefaltete Michelin-Karte zu entwirren und den Anblick der Kathedrale von Chartres mit ihren krallenbewehrten Strebebögen und verwitterten Glockentürmen zu verdauen. Die schmalen Sträßchen führen durch kleine Dörfer, in denen die Siesta den ganzen Tag zu dauern scheint; selbst die Tankstellen sind wie ausgestorben, und ihre Elf-Fahnen flattern im Wind, der über die riesigen Weizenfelder weht. Hin und wieder taucht ein Citroën im Rückspiegel auf und überholt wenige Sekunden später mit übertriebener Ungeduld, als sei die Geschwindigkeit das einzige Mittel gegen diese schreckliche Monotonie.

An größeren Kreuzungen kann der aufmerksame Autofahrer, inmitten zahlreicher Schilder, die vergeblich daran erinnern, daß die erlaubte Höchstgeschwindigkeit bei 90 km/h liegt und den Weg nach Tours oder Le Mans weisen, einen unauffälligen Metallpfeil ausmachen, der die Entfernung zu dem kleinen Ort Illiers-Combray anzeigt. Jahrhundertelang wies dieses Schild schlicht nach Illiers, doch 1971 beschlossen die Stadtväter, selbst den ungebildeten Verkehrsteilnehmer über die Verbindung ihres Heimatortes mit seinem berühmtesten Sohn beziehungsweise Besucher aufzuklären. Hier nämlich verbrachte Proust im Alter von sechs bis neun und dann noch einmal mit fünfzehn Jahren die Sommerferien im Haus von Elisabeth Amiot, der Schwester seines Vaters – und hier holte er sich die Anregung für sein fiktives Combray.

Es hat etwas Unheimliches, in eine Stadt zu kommen, die den Anspruch auf eine eigene Identität zumindest teilweise zugunsten der Fiktion eines Autors aufgegeben hat, der als Kind um die Jahrhundertwende ein paarmal die Sommerferien hier verbrachte. Doch Illiers-Combray scheint sich in dieser Rolle zu gefallen. Vor der Pâtisserie-Confiserie in einem Winkel der Rue du Docteur-Proust hängt ein großes Schild mit der etwas verwirrenden Aufschrift: »Hier kaufte Tante Léonie ihre Madeleines.«

An der Place du Marché lauert die Konkurrenz in Gestalt einer Boulangerie, die sich ebenfalls auf die *»fabrication de la petite madeleine de Marcel Proust«* spezialisiert hat. Acht Stück kosten zwanzig Francs, zwölf Stück dreißig. Der Bäcker – der das Buch nicht kennt – weiß, daß er seinen Laden längst schon hätte schließen müssen, wenn es die *Recherche* nicht gäbe, die Kunden aus der ganzen Welt anlockt. Man sieht sie, mit Kameras und Madeleine-Tüten bewaffnet, zum Haus von Tante Amiot ziehen, einem ganz und gar gewöhnlichen, eher düsteren Gebäude, für das sich wohl niemand interessieren würde, hätte der junge Proust hinter diesen Mauern nicht die Eindrücke gesammelt, aus denen später das Zimmer des Erzählers, die Küche, in der Françoise ihre Crème au chocolat zubereitete, und das Gartentor, durch das Swann zum Mittagessen kam, werden sollten.

Im Innern herrscht eine gedämpfte, quasi-religiöse Atmosphäre, die an eine Kirche erinnert; Kinder verstummen erwartungsvoll, und der Museumsführer schenkt ihnen ein ebenso herzliches wie mitleidiges Lächeln, während ihre Mütter sie ermahnen, auf ihrem Rundgang ja nichts anzufassen. Eine höchst überflüssige Ermahnung, denn in ihrer ausgesuchten Scheußlichkeit vermitteln die beengten Räumlichkeiten auf nahezu greifbare Art und Weise die stickige Atmosphäre eines geschmacklos eingerichteten, kleinbürgerlichen Provinzhauses der Jahrhundertwende. In einem großen Schaukasten aus Plexiglas auf einem Tisch neben »Tante Léonies Bett« befinden sich eine weiße Teetasse, eine alte Flasche Vichywasser sowie eine einsame, merkwürdig fettig anmutende Madeleine, die sich bei näherem Hinsehen als Plastiknachbildung erweist.

Laut Monsieur Larcher, dem Verfasser einer im Fremdenverkehrsamt zum Verkauf ausliegenden Broschüre, sollte man,

> um den tieferen, verborgenen Sinn der *Suche nach der verlorenen Zeit* vollständig zu ergründen, ... noch vor der Lektüre einen ganzen Tag in Illiers-Combray verbringen. Denn nur an diesem besonderen Ort vermag sich der Zauber Combrays in seiner vollen Schönheit zu entfalten.

Obgleich Larcher bewundernswerten Gemeinsinn beweist und ihm der Beifall sämtlicher Madeleine-Bäcker gewiß sein dürfte, stellt sich nach einem solchen Tag die Frage, ob er die Qualitäten seines Heimatortes nicht vielleicht ein wenig überschätzt – und Prousts Verdienste damit unwissentlich schmälert.

Ehrlichere Besucher werden einsehen, daß das Städtchen wenig Reizvolles zu bieten hat. Es sieht aus wie tausend andere, was nicht heißen soll, daß es uninteressant wäre, sondern nur, daß es keinerlei sichtbare Indizien dafür gibt, weshalb Monsieur Larcher ihm diese Sonderstellung einräumt. Eine typisch Proustsche Einsicht: Ob eine Stadt interessant ist oder nicht, hängt zwangsläufig davon ab, aus welchem Blickwinkel man sie betrachtet. Combray mag hübsch sein, ist deshalb jedoch kein attraktiveres Reiseziel als jeder andere Ort in der weiten nordfranzösischen Hochebene, und die Schönheit, die Proust dort entdeckte, ließe sich vermutlich in den meisten Städten finden, wenn wir uns nur die Mühe machten, sie mit seinen Augen zu betrachten.

Statt dessen rasen wir, voller Verehrung für den großen Meister und ohne seine ästhetischen Ideen auch nur ansatzweise begriffen zu haben, blindlings durch die Umgebung von Illiers-Combray, durch literarisch unbedeutende Nachbarorte wie Brou, Bonneval und Courville, um die fiktiven Freuden zu genießen, die der Ferienort aus Prousts Kindheit verspricht. Dabei vergessen wir, daß wir jetzt nach Courville oder Bonneval reisen würden, wenn Prousts Familie oder seine alte Tante sich dort niedergelassen hätten. Unsere Wallfahrt ist deshalb götzendienerisch, weil sie das Haus, in dem Proust aufwuchs, über seine Sicht desselben stellt, ein Versehen, zu dem uns das dicke Michelin-Männchen insofern ermuntert, als es verkennt, daß der Wert einer Sehenswürdigkeit eher von der Sichtweise des Betrachters als von den betrachteten Gegenständen abhängt, daß eine Stadt nicht automatisch drei Sterne verdient, nur weil Proust dort aufgewachsen ist, eine Elf-

Tankstelle bei Courville hingegen automatisch leer ausgeht, nur weil Proust keine Gelegenheit mehr hatte, dort den Tank eines Renault zu füllen – wobei er ohne weiteres etwas entdeckt hätte, das seine Wertschätzung verdiente, wie zum Beispiel einen wunderschönen, von Osterglocken umsäumten Hof und eine altmodische Zapfsäule, die von weitem aussieht wie ein untersetzter Mann in dunkelroten Latzhosen, der an einem Zaun lehnt.

Schon im Vorwort zu seiner Übersetzung von Ruskins *Sesam und Lilien* hatte Proust die Fremdenverkehrsindustrie von Illiers-Combray als absurde Farce entlarvt, doch leider machte niemand sich die Mühe, ihm Gehör zu schenken:

> Wir möchten das Feld sehen, das uns Millet ... in seinem *Frühling* zeigt, wir möchten, daß Monsieur Claude Monet uns nach Giverny ans Ufer der Seine führt, an die Biegung des Flusses, die er uns durch den Morgennebel hindurch kaum erkennen läßt. Doch in Wirklichkeit sind es reine Zufälle der Bekanntschaften oder Verwandtschaft, die ... Millet oder Claude Monet die Möglichkeit gaben, sich bei ihnen aufzuhalten, diese veranlaßten, jene Straße, jenen Garten, jenes Feld oder jene Flußbiegung statt einer anderen zu malen. Was sie uns anders und schöner als die übrige Welt erscheinen läßt, ist, daß sie auf ihrer Oberfläche wie einen ungreifbaren Reflex den Eindruck tragen, den sie auf das Genie gemacht haben und den wir ebenso einzigartig und ebenso despotisch über der gleichgültigen und ergebenen Oberfläche aller Landschaften spielen sehen würden, die von ihm gemalt worden wären.

Nicht nach Illiers-Combray sollten wir fahren: Um Proust wirklich Tribut zu zollen, müssen wir *unsere* Welt mit *seinen* Augen betrachten, nicht *seine* Welt mit *unseren* Augen.

Alles andere kann uns in tiefe Depressionen stürzen. Wenn unser Interesse an den Ort gebunden ist, für den sich ein bestimmter großer Künstler interessiert hat, ignorieren wir damit automatisch Tausende von Landschaften und anderen Erfahrungsbereichen, denn Monet hat nur wenige Quadratmeter Erde dargestellt, und Prousts Roman umfaßt trotz seiner Länge nur einen Bruchteil der menschlichen Erfahrung. Statt uns den aufmerksamen Blick des Künstlers anzueignen, laufen wir Gefahr, uns auf den Gegenstand seiner Betrachtung zu konzentrieren und dabei die Fähigkeit einzubüßen, denjenigen Aspekten dieser Welt gerecht zu werden, die bislang kein Künstler abgebildet hat. Als Proust-Verehrer bliebe uns wenig Zeit für Desserts, die Proust nie kosten durfte, für Kleider, die er nie beschrieben hat, für Nuancen der Liebe, die ihm entgangen sind, und Städte, die er nie besuchen konnte, weil wir in einem fort damit beschäftigt wären, an der deprimierenden Kluft zwischen unserem Dasein und dem Universum der künstlerischen Wahrheit und des künstlerischen Interesses zu leiden.

Die Moral? Daß wir Proust keinen größeren Tribut zollen könnten, als wenn wir zum guten Schluß dasselbe Urteil über ihn fällen, das er über Ruskin fällte, nämlich daß auch seine Werke dem, der sich zu lange mit ihnen beschäftigt, trotz ihrer unbestrittenen Qualitäten irgendwann dumm, eigenbrötlerisch, enervierend, falsch und lächerlich vorkommen müssen.

Es hieße dem, was nur ein Anreiz ist, eine zu große Bedeutung geben, wenn man daraus eine Disziplin machte. Das Lesen liegt an der Schwelle des geistigen Lebens; es kann uns darin einführen, aber es ist nicht dieses Leben.

Selbst die besten Bücher haben es verdient, in die Ecke geworfen zu werden.

DANKSAGUNG

ICH BEDANKE MICH bei Marie-Pierre Bay, Marina Benjamin, Nigel Chancellor, Jan Dalley, Caroline Dawnay, Dan Frank, Minna Fry, Anthony Gornall, Nicki Kennedy, Ursula Köhler, Jacqueline und Marc Leland, Alison Menzies, Albert Read, Jon Riley, Tanya Stobbs, Peter Straus und Kim Witherspoon. Besonderen Dank schulde ich Miriam Gross, für ihre Ermutigung und eine wöchentliche Kolumne. Für ihre scharfäugige Fahnenkorrektor danke ich Mair und Mike McGeever, Noga Arikha und, wie immer, Gilbert und Janet de Botton. Mein größter Dank gilt John Armstrong, für seine Freundschaft und zwei Jahre äußerst lehrreicher Gespräche, sowie Kate McGeever, die mich während der Arbeit an diesem Projekt ohne Murren ertragen hat.

DIE IM TEXT enthaltenen Proust-Zitate wurden, mit geringfügigen Änderungen, folgenden deutschen Ausgaben entnommen:

Auf der Suche nach der verlorenen Zeit, deutsch von Eva Rechel-Mertens, 4. Auflage der Ausgabe in zehn Bänden, Frankfurt: Suhrkamp 1979

Briefe zum Leben in zwei Bänden, ausgewählt und übersetzt von Uwe Daube, Frankfurt: Suhrkamp 1969

Briefe zum Werk, ausgewählt und herausgegeben von Walter Boehlich, deutsch von Wolfgang A. Peters, Frankfurt: Suhrkamp 1964

Briefwechsel mit der Mutter, deutsch von Helga Rieger, Frankfurt: Suhrkamp 1970

Gesammelte Werke (Frankfurter Ausgabe), deutsch von Henriette Beese, Ludwig Harig, Luzius Keller und Helmut Scheffel, Frankfurt: Suhrkamp 1989–1997

Die Übertragung der Aussagen von Freunden und Zeitgenossen Prousts sowie der Zitate aus Prousts auf deutsch bislang nicht vorliegenden Briefen besorgte Doris Heinemann.

Alain de Botton

Trost der Philosophie

Eine Gebrauchsanweisung

Aus dem Englischen von Silvia Morawetz

Band 15639

Unbeliebt? Geldsorgen? Frust? Gefühle der Unzulänglichkeit? Liebeskummer? Kleinmütig? Ihnen kann geholfen werden ...

Alain de Botton, Autor des Bestsellers »Wie Proust Ihr Leben verändern kann«, ist in seinem amüsanten und geistreichen Buch der Frage nachgegangen, welche Tröstungen bei den Lebensproblemen moderner, vorwiegend jugendlicher Zeitgenossen die Philosophie bereithält, genauer: welche Hilfsangebote Sokrates, Epikur, Seneca, Montaigne, Schopenhauer und Nietzsche machen könnten, wenn man denn deren Leben und Werk zu Rate zöge.

»Nicht Buchwissen, Lebensklugheit ist
Alain de Bottons Ideal.«
Die Woche

Fischer Taschenbuch Verlag

fi 15639 / 1